ANTHOLOGIE POÉTIQUE

DU MÊME AUTEUR

Rien qu'une autre année. Anthologie poétique, 1966-1982, Minuit, 1983.

Palestine mon pays : l'affaire du poème, Minuit, 1988.

Plus rares sont les roses, Minuit, 1989.

Chronique de la tristesse ordinaire, suivi de *Poèmes palestiniens*, Cerf, 1989.

Au dernier soir sur cette terre, Actes Sud, 1994.

Une mémoire pour l'oubli, Actes Sud, 1994 ; Babel, 2007.

Pourquoi as-tu laissé le cheval à sa solitude ?, Actes Sud, 1996.

La Palestine comme métaphore. Entretiens, Sindbad-Actes Sud, 1997 ; Babel, 2002.

La Terre nous est étroite et autres poèmes, Poésie/Gallimard, 2000.

Le Lit de l'étrangère, Actes Sud, 2000.

Murale, Actes Sud, 2003.

Etat de siège, Actes Sud, 2004.

Ne t'excuse pas, Actes Sud, 2006.

Entretiens sur la poésie avec Abdo Wazen et Abbas Beydoun, Actes Sud, 2006.

Comme des fleurs d'amandier ou plus loin, Actes Sud, 2007.

La Trace du papillon, Actes Sud, 2009.

Mahmoud Darwich (livre-disque), Actes Sud, 2009.

© ACTES SUD, 2009
pour la traduction française
ISBN 978-2-7427-8117-1

MAHMOUD DARWICH

ANTHOLOGIE
POÉTIQUE
(1992-2005)

poèmes traduits de l'arabe (Palestine)
par Elias Sanbar

choisis et présentés
par Farouk Mardam-Bey

AVANT-PROPOS

De *Feuilles d'olivier* en 1964 à *La Trace du papillon* en 2008, l'œuvre poétique de Mahmoud Darwich ne compte pas moins de vingt-cinq titres auxquels il faudra sans doute, dans un proche avenir, ajouter un ou deux recueils posthumes. Ces titres se répartissent entre quatre périodes qu'on s'accorde généralement à désigner par référence aux principaux lieux de résidence du poète : galiléenne jusqu'à 1971 ; beyrouthine jusqu'à l'invasion israélienne du Liban en 1982 (mais période qui se prolonge en fait, sur le plan poétique, deux ans de plus) ; parisienne ensuite, qui prend fin en 1995 avec le retour de Darwich en Palestine où sa poésie, au prix d'incessantes remises en cause, acquiert à la fois davantage de profondeur et d'universalité.

Les poèmes qui composent la présente anthologie sont extraits de sept recueils dont la publication en arabe s'est échelonnée de 1992 à 2005. Ils appartiennent aux deux périodes les plus fécondes de Darwich, celles où il s'est presque totalement libéré de la pression politique qui pesait sur lui en tant que "poète national", ou plutôt celles où son public, lui gardant toujours sa confiance, a fini par se convaincre qu'il est légitime pour un "poète national" d'être d'abord poète. Représentatifs par le thème, l'approche, la structure rythmique, de la tonalité propre à chaque recueil, ces poèmes témoignent aussi, pris dans leur ensemble, de la dynamique ascendante dans laquelle était engagé Darwich depuis son installation à Paris, et qui le poussait à porter un jugement souvent exagérément sévère sur sa production antérieure.

Les deux longs poèmes tirés de *Onze astres* qui figurent ici illustrent parfaitement le lyrisme épique de Darwich, une fois confronté aux deux événements considérables dont on célébrait partout, en 1992, le cinquième centenaire : l'expulsion des Arabes d'Espagne par les rois catholiques et la conquête de l'Amérique par Christophe Colombe. Si le traitement du premier événement s'inscrit tout naturellement dans la thématique de la séparation et de l'exil, s'il n'est pas sans rappeler la veine nostalgique de la poésie et de la musique andalouses, qu'elles soient ou non arabes, avec en outre des allusions transparentes aux accords de paix léonins imposés par Israël aux Palestiniens, le génocide des Indiens inspire à Darwich son poème peut-être le plus authentiquement tragique, fruit d'une longue méditation sur le rapport entre modernité européenne et exclusion des peuples de couleur– et d'une lecture assidue de la poésie des

Peaux-Rouges. Le destin des Palestiniens n'est certes pas absent du poème mais il n'en constitue certainement pas le prétexte ni la seule finalité.

Le deuxième recueil, *Pourquoi as-tu laissé le cheval à sa solitude ?*, qui date de 1995, est fondamentalement autobiographique. Les poèmes choisis font d'emblée ressortir des moments clés de l'enfance du poète, marquée par un premier exil au Liban, puis par la douloureuse découverte, après un retour clandestin, de la disparition pure et simple du village natal. La question lancinante de l'identité est posée aussi bien à travers la relation aux parents les plus proches, ou aux lieux les plus familiers, que par l'évocation de quelques figures symboliques de l'altérité, "l'Étrangère" ou "l'Ennemi", et plus encore par une totale identification à la langue arabe : "Je suis ma langue". Dans *Le Lit de l'étrangère,* recueil publié en 1999 et entièrement consacré à l'amour, Darwich lance un double défi : l'un à son public, qui s'attendait plutôt à des poèmes célébrant les retrouvailles entre le poète exilé et la mère-patrie, et l'autre à lui-même, s'imposant la lourde tâche de ressusciter les ténors de l'amour courtois, Majnûn, Jamîl ou Ibn Hazm, tout en dialoguant discrètement, sous forme de sonnets, avec la poésie occidentale.

En 1999, Mahmoud Darwich a subi une opération chirurgicale extrêmement périlleuse et il a dû rester plusieurs jours dans le coma. De cette expérience qui a marqué un tournant décisif dans sa vision du monde est né son long poème, *Murale,* que d'aucuns considèrent comme son chef-d'œuvre, ou du moins comme son œuvre la plus ambitieuse. Explorant en effet le mystère de la mort, il repense son propre destin à la lumière des grands textes fondateurs, notamment les mythes de la mort et de la résurrection au Proche – Orient ancien, et, inversement, relit ces mêmes textes sous l'angle de son rapport intime à la femme, au langage et à l'histoire. L'extrait retenu ici est celui que le poète aimait lire à la fin de ses récitals, et toujours avec une profonde émotion pleinement partagée par le public.

Ouvrage de circonstance, le recueil suivant, *Etat de siège,* cherche à capter en une centaine de fragments des choses vues ou entendues à Ramallah, en 2002, lors de l'offensive de l'armée israélienne contre le territoire palestinien autonome. S'il s'agit d'instantanés, saisis dans l'urgence, il n'en reste pas moins qu'ils laissent déjà pointer ce qui sera le principal souci de Darwich dans ses futurs recueils, à savoir se maintenir là où poésie et prose se côtoient et finissent par se confondre. Souci dont on perçoit certaines implications dans *Ne t'excuse pas* et qui est de toute façon clairement annoncé dans l'exergue de *Comme des fleurs d'amandier ou plus loin,* publiés respectivement en 2004 et 2005.

L'apparente variété thématique de ces deux recueils provient probablement de l'attention particulière portée au paysage (les nuages, les arbres, l'herbe…) comme aux petits détails de la vie quotidienne. La contemplation – et la célébration – du monde extérieur s'inscrivent toutefois dans une démarche essentiellement introspective, avec un recours répété aux procédés du dédoublement (le miroir, le spectre, l'ombre, l'usage de la deuxième personne du singulier). Une douce mélancolie enveloppe l'ensemble, et la mort elle-même, qui rôde pourtant de bout en bout, est traitée avec sérénité, et parfois avec un humour désabusé. Là, pour rendre compte à la fois de l'unité du propos et de la diversité des moyens déployés, le choix était encore plus difficile qu'ailleurs, et nous avons dû, à une exception près, nous contenter de poèmes courts.

Comme toute anthologie, celle-ci ne peut prétendre à une totale objectivité. Jusqu'à la dernière minute, nous avons beaucoup hésité à garder tel poème plutôt que tel autre, et nous nous sommes souvent demandé s'il ne fallait pas, pour essayer justement d'être plus "objectif", doubler au moins le nombre de poèmes retenus. Au moment de mettre sous presse, il est seulement à souhaiter que les lecteurs qui ne connaissent pas encore Mahmoud Darwich, et auxquels cet ouvrage est d'abord destiné, y trouvent des raisons de lire son œuvre dans son intégralité.

FAROUK MARDAM-BEY
Le 2 mars 2009

أَحَدَ عَشَرَ كوْكَبَاً

Dar al-Jadid, Beyrouth, 1992
Recueil partiellement traduit en français
dans l'anthologie intitulée *Au dernier soir sur cette terre*, Actes Sud, 1994.

ONZE ASTRES

أحَدَ عَشَرَ كَوْكَباً
عَلَى آخِرِ المَشْهَدِ الأَنْدَلُسِي

ONZE ASTRES SUR L'ÉPILOGUE ANDALOU

في المَسَاء الأَخِير علَى هَذِه الأَرْض

في المَسَاء الأخِير علَى هذه الأرضِ نقطعُ أيَّامنَا
عن شُجَيْراتِنَا، ونعُدُّ الضُّلوعَ التي سوفَ نحملُها مَعَنا
والضلوعَ التي سوفَ نترُكُها، ههُنَا.. في المَسَاء الأخيرْ
لا نُودِّعُ شيئاً، ولا نَجِدُ الوقتَ كيْ ننتَهِي..
كُلُّ شيء يظلُّ على حَالِه، فالمَكَانُ يُبدِّلُ أحلامَنَا
ويُبدِّلُ زوَّارَهُ. فَجْأةً لَمْ نَعُدْ قادرِينَ عَلَى السُّخْريَةْ
فالمَكَانُ مُعَدٌّ لكيْ يَستَضِيفَ الهَبَاءَ. هُنا في المَسَاء الأخيرْ
نَتَمَلَّى الجبَالَ المُحيطَةَ بالغيْمِ : فَتْحٌ... وفَتْحٌ مُضادّ
وزَمَانٌ قديمٌ يُسلِّم هذا الزَمَانَ الجديدَ مَفاتِيحَ أبْوابِنا

16

AU DERNIER SOIR
SUR CETTE TERRE

Au dernier soir sur cette terre nous détachons nos jours

De nos arbrisseaux, et comptons les côtes que nous emporterons

Et celles que nous laisserons. Là. Au dernier soir

Nous ne disons adieu à rien, et ne trouvons pas le temps pour notre fin

Tout demeure en l'état. Le lieu renouvelle nos rêves

Et ses visiteurs. Soudain nous ne sommes plus capables d'ironie

Car le lieu est apprêté pour accueillir le néant. Ici, au dernier soir

Nous saturons nos yeux des montagnes qui ceignent les nuages. Conquête et reconquête

Et un temps ancien qui remet à ce temps nouveau les clefs de nos portes

فَادْخُلُوا، أَيُّها الفَاتِحونَ، مَنَازِلَنا واشْرَبُوا خَمْرَنا
مِنْ مُوَشَّحِنا السَّهْلِ. فَاللَّيْلُ نَحْنُ إذا انْتَصَفَ اللَّيْلُ، لاَ
فَجْرَ يَحْمِلُهُ فَارِسٌ قَادِمٌ من نَواحِي الأَذانِ الأَخيرْ..
شَايْنَا أَخْضَرٌ ساخِنٌ فَاشْرَبُوهُ، وفُسْتُقُنا طَازَجٌ فَكُلُوهْ
وَالأَسِرَّةُ خَضْراءُ من خَشَبِ الأُرْزِ، فَاسْتَسْلِمُوا للنُّعاسْ
بَعْدَ هَذا الحِصارِ الطَّويلِ، ونامُوا عَلَى ريشِ أَحْلامِنا
المُلاءاتُ جَاهِزَةٌ، والعُطُورُ عَلَى البابِ جاهِزَةٌ، والمَرَايا كَثيرَةٌ
فَادْخُلُوها لنَخْرُجَ مِنْها تَمَاماً، وعَمَّا قَليلٍ سَنَبْحَثُ عَمَّا
كَانَ تَاريخَنَا حَوْلَ تَاريخِكُمْ في البِلادِ البَعيدَة
وَسَنَسْأَلُ أَنْفُسَنَا في النِّهايَةِ : هَلْ كَانَتِ الأَنْدَلُسْ
هَهُنَا أَمْ هُنَاكَ ؟ عَلَى الأَرْضِ... أَمْ في القَصيدَةْ ؟

Entrez dans nos maisons, ô conquérants, et buvez notre vin

Sur le mode simple de notre mouwachah. Car nous sommes la nuit à sa mienuit. Et nulle

Aube portée par un cavalier venu du dernier appel à la prière

Notre thé est vert et chaud, buvez-le, nos pistaches sont fraîches, mangez-les

Et les lits sont verts en bois de cèdre, cédez au sommeil

Après ce long siège, et dormez sur le duvet de nos rêves

Les draps sont mis, les parfums déposés aux portes, et les miroirs nombreux

Entrez-y pour que nous en sortions jusqu'au dernier. Et sous peu nous chercherons ce que

Fut notre Histoire autour de la vôtre dans les contrées lointaines

Et à la fin nous nous demanderons : L'Andalousie fut-elle

Là ou là-bas ? Sur la terre... ou dans le poème ?

كَيْفَ أَكْتُبُ فَوْقَ السَّحَابِ ؟

كَيْفَ أَكْتُبُ فَوْقَ السَّحَابِ وَصِيَّةَ أَهْلِي ؟ وَأَهْلِي
يَتْرُكُونَ الزَّمَانَ كَمَا يَتْرُكُونَ مَعَاطِفَهُمْ في البُيُوتِ، وَأَهْلِي
كُلَّمَا شَيَّدوا قَلْعَةً هَدَموهَا لِكَيْ يَرْفَعوا فَوْقَهَا
خَيْمَةً للحَنِينِ إِلَى أَوَّلِ النَّخْلِ. أَهْلِي يَخُونونَ أَهْلِي
في حُرُوبِ الدِّفَاعِ عَنِ المِلْحِ. لكنَّ غرْنَاطَةً مِنْ ذَهَبْ
مِنْ حَريرِ الكَلامِ المُطَرَّزِ باللَّوْزِ، من فِضَّةِ الدَّمْعِ في
وَتَرِ العُودِ. غرْنَاطَةٌ للصُّعُودِ الكَبيرِ إِلَى ذَاتِهَا..
ولَهَا أَنْ تكونَ كَمَا تَبْتَغي أَنْ تكونَ : الحَنينَ إِلَى

COMMENT ÉCRIRE
AU-DESSUS DES NUAGES ?

Comment écrire au-dessus des nuages le legs des miens ? Et les miens
Quittent le temps ainsi qu'ils abandonnent leurs manteaux dans les maisons, et les miens
Chaque fois qu'ils édifient une citadelle, l'abattent pour dresser
Une tente qui abrite leur nostalgie du premier palmier. Les miens trahissent les miens
Dans les guerres de la défense du sel. Mais Grenade est d'or
De la soie des mots brodés d'amandes, de l'argent des larmes dans
La corde du luth. Grenade est toute à la grande ascension vers elle-même
Et il lui revient d'être telle qu'elle le désire : la nostalgie pour

أيِّ شَيْءٍ مَضَى أَوْ سَيَمْضِي : يَحُكُّ جَنَاحُ سُنُونُوَّةٍ

نَهْدَ إمْرَأَةٍ في السَّريرِ، فَتَصْرُخُ : غِرْنَاطَةٌ جَسَدي

ويُضيِّعُ شخصٌ غزالتَه في البَراري، فيصرُخُ : غرناطةٌ بلدي

وَأَنا من هُنَاكَ، فَغنِّي لَتَبْنيَ الحَسَاسينُ من أضْلُعي

دَرَجاً للسَّمَاءِ القَريبة. غنِّي فُرُوسيَّةَ الصاعدينَ إلى

حَتْفِهم، قمراً قَمَراً، في زُقَاقِ العَشِيقة. غنِّي طيورَ الحَديقَةْ

حَجَراً حَجَراً. كَمْ أُحِبُّكِ أنْتِ التي قطَّعْتِني

وَتَراً وَتَراً في الطَّريقِ إلَى لَيْلِها الحَارّ، غنِّي

لا صَبَاحَ لرَائحَةِ البُنِّ بَعْدَكِ، غنِّي رَحيلي

عَنْ هَديلِ اليَمَامِ عَلَى رُكْبَتَيْكِ وَعَنْ عُشِّ رُوحي

في حُرُوفِ اسْمِكِ السَّهْلِ، غِرْنَاطَةٌ للغِنَاءِ.. فَغنِّي !

Toute chose passée ou qui passera. L'aile d'une hirondelle effleure

Le sein d'une femme dans son lit, et elle crie : Grenade est mon corps

Un homme égare sa gazelle dans les prairies, et il crie : Grenade est mon pays

Et je suis de là-bas, alors chante, que les chardonnerets construisent de mes côtes

Un escalier au ciel proche. Chante la geste de ceux qui montent vers

Leur fin, lune après lune dans la ruelle de l'aimée. Chante les oiseaux du jardin

Pierre après pierre. Que je t'aime toi qui m'as dépecé Corde après corde sur le chemin vers sa nuit chaude. Chante

Et le parfum du café après toi a perdu son matin. Chante mon départ

Du roucoulement des palombes sur tes genoux et du gîte de mon âme

Dans les lettres de ton nom simple. Grenade est destinée au chant, alors chante !

لِي خَلْفَ السَّمَاء سَمَاء..

لِي خَلْفَ السَّمَاء سَمَاءٌ لأَرْجِعَ، لَكِنَّني
لاَ أَزَالُ أُلَمِّعُ مَعْدِنَ هَذَا المَكَانِ، وَأَحْيَا
سَاعَةَ تُبْصِرُ الغَيْبَ. أَعْرِفُ أَنَّ الزَّمَانَ
لاَ يُحَالِفُني مَرَّتَيْن، وَأَعْرِفُ أَني سَأَخْرُجُ مِنْ
رَايَتي طَائِراً لاَ يَحُطُّ عَلَى شَجَرٍ في الحَديقَةْ
سَوْفَ أَخْرُجُ مِن كُلِّ جِلدي، ومِن لُغَتي
سَوْفَ يَهْبُطُ بَعْضُ الكَلاَمِ عَن الحُبِّ في
شِعْرِ لُورْكَا الذي سَوْفَ يَسْكُنُ غُرْفَةَ نَوْمي
ويَرَى مَا رَأَيْتُ من القَمَرِ البَدَويِّ. سَأَخْرُجُ مِنْ
شَجَرِ اللَّوْزِ قُطْناً عَلَى زَبَدِ البَحْرِ. مرَّ الغَريبْ
حامِلاً سَبْعَمائَةِ عامٍ من الخيل. مرَّ الغَريبْ

J'AI DERRIÈRE LE CIEL
UN CIEL

J'ai derrière le ciel un ciel pour revenir, mais
Je continue à polir le métal de ce lieu, et je vis
Une heure qui discerne l'invisible. Je sais que le temps
Ne sera pas par deux fois mon allié, et je sais que je
sortirai de ma
Bannière, oiseau qui ne se pose sur nul arbre
Je sortirai de toute ma peau, et quelques mots sorti-
ront de ma langue sur l'amour chez Lorca
Qui habitera ma chambre
Et verra ce que j'ai vu de la lune bédouine. Je sorti-
rai des
Amandiers, duvet sur l'écume de la mer. L'étranger
est passé
Portant sept siècles de chevaux. Il est passé là l'étran-
ger

هَهُنا، كَيْ يَمُرُّ الغَريبُ هُنَاكَ. سَأخرُجُ بَعْدَ قَليلْ

مِنْ تَجَاعيدِ وَقْتي غَريباً عَنِ الشّامِ والأنْدَلُسْ

هَذه الأرْضُ لَيْسَتْ سَمائي، ولَكِنَّ هَذَا المَسَاءَ مَسَائي

والمَفاتيحَ لي، والمَآذِنَ لي، والمَصَابيحَ لي، وَأنا

لِيَ أيْضاً. أنَا آدَمُ الجَنَّتَيْنِ، فَقَدْتُهُما مَرَّتَيْنْ

فَاطْرُدُوني عَلَى مَهَلٍ،

وَاقْتُلُوني عَلَى مَهَلٍ،

تَحْتَ زَيْتُونَتي،

مَعَ لُوركَا..

Pour que l'étranger passe là-bas. Je sortirai sous peu

Des rides de mon temps, étranger à Shâm et à l'An-

dalousie

Cette terre n'est pas mon ciel, mais ce soir est mien

Et les clefs m'appartiennent, et les minarets et les

lanternes, et moi

Egalement, je m'appartiens. Je suis l'Adam des deux

Eden,

L'un et l'autre perdus

Alors chassez-moi lentement,

Et tuez-moi lentement

Sous mon olivier

Avec Lorca

أَنَا وَاحِدٌ مِنْ مُلُوك النِّهَايَة

.. وَأَنَا وَاحِدٌ مِنْ مُلُوك النِّهَاية.. أَقْفِزُ عَنْ
فَرَسِي في الشِّتَاء الأَخِير، أَنَا زَفْرَةُ العَرَبِيِّ الأَخِيرَةْ
لاَ أُطِلُّ عَلَى الآس فَوْقَ سُطُوح البُيُوت، وَلاَ
أَتَطَلَّعُ حَوْلِي لِئَلاَّ يَرَانِي هُنَا أَحَدٌ كَانَ يَعْرِفُنِي
كَانَ يَعْرِفُ أَنِّي صَقَلْتُ رُخَامَ الكَلاَم لِتَعْبُرَ إِمْرَأَتِي
بُقَعَ الضَّوْء حَافِيَةً، لاَ أُطِلُّ عَلَى اللَّيْل كَيْ
لاَ أَرَى قَمَراً كَانَ يُشْعِلُ أَسْرَارَ غَرْنَاطة كُلَّهَا
جَسَداً جَسَداً. لاَ أُطِلُّ عَلَى الظلِّ كَيْ لاَ أَرَى
أَحَداً يحملُ اسمِي ويَرْكُضُ خَلْفي : خُذْ اسمَكَ عَنِّي

JE SUIS L'UN
DES ROIS DE LA FIN

… Et je suis l'un des rois de la fin. Je saute de ma
Jument dans le dernier hiver. Je suis le dernier soupir
de l'Arabe

Je n'ai pas vue sur le myrte au-dessus des toits, et je ne

Regarde pas autour de moi de peur que ne me voie
quelqu'un qui me connaît

Qui sait que j'ai frappé le marbre des mots pour que
ma femme traverse

Nu-pieds les flaques de lumière. Je n'ai pas vue sur
la nuit de peur

D'y apercevoir une lune qui enflammait tous les
secrets de Grenade

Corps après corps. Je n'ai pas vue sur l'ombre, pour
ne pas voir

Quelqu'un portant mon nom et courant derrière moi :
Délivre-moi de ton nom

واعْطِني فضّةَ الحَوْرِ . لاَ أَتَلَفَّتُ خَلْفِي لِئَلاَّ

أَتَذَكَّرَ أَنِّي مَرَرْتُ عَلَى الأَرْضِ، لاَ أَرْضَ في

هَذِه الأَرْض مُنْذُ تَكَسَّر حَوْلي الزَمانُ شَظَايَا شَظَايَا

لَمْ أَكُنْ عَاشِقاً كَيْ أُصَدِّقَ أَنَّ الميَاهَ مَرَايَا

مِثْلَما قُلْتُ للأَصْدِقاء القُدَامَى . وَلاَ حُبَّ يَشْفَعُ لي

مُذْ قَبِلْتُ " مُعَاهدةَ الصلح " لَمْ يَبْقَ لي حَاضِرٌ

كَيْ أَمُرَّ غداً قُرْبَ أَمْسي. سَتَرْفَع قَشْتَالَةٌ

تَاجَها فَوْقَ مُئَذِنَة اللّه. أَسْمَعُ خَشْخَشَةً للمَفَاتِيحِ في

بَاب تَارِيخِنَا الذَّهَبِيِّ، وَدَاعاً لتَارِيخِنا، هَلْ أَنَا

مَنْ سَيُغْلِقُ بَابَ السّماء الأَخيرَ ؟ أَنَا زَفْرَةُ العَرَبيِّ الأَخيرَةْ

Et remets-moi l'argenté du peuplier. Je ne me retourne
pas, je crains
De me souvenir que je suis passé sur terre. Pas de terre
Dans cette terre, depuis que le temps s'est brisé
autour de moi, débris et débris
Je n'étais pas amoureux pour croire les eaux miroirs
Comme je l'ai dit aux vieux amis. Et point d'amour
qui intercède pour moi
Depuis que j'ai accepté le Pacte de paix je n'ai plus
de présent
Pour passer demain près de ma veille. La Castille
brandira
Sa couronne sur le minaret de Dieu. J'entends le clique-
tis des clefs dans
La porte de notre Age d'or. Adieu notre histoire.
Serais-je celui
Qui refermera la dernière porte du ciel ? Je suis le
dernier soupir de l'Arabe

ذاتَ يومٍ، سَأَجْلِسُ فَوقَ الرصيفِ

ذاتَ يَوْمٍ سَأَجْلِسُ فَوقَ الرَّصيفِ.. رَصيفِ الغَريبَةْ
لَمْ أَكُنْ نَرْجِساً، بَيْدَ أَني أُدافِعُ عَنْ صُورَتي
في المَرايَا. أَمَا كنْتَ يَوْماً، هُنا، يَا غَريبْ ؟
خَمْسُمائَة عَامٍ مَضَى وانْقَضَى، والقَطيعَةُ لَمْ تَكْتَمِلْ
بَيْنَنَا، هَهُنا، والرَّسَائِلُ لَمْ تَتَقَطَّعْ بَيْنَنَا، والحُروبْ
لَمْ تُغَيِّرْ حَدَائِقَ غِرْناطَتي. ذاتَ يَوْمٍ أَمُرُّ بِأَقْمارِها
وأَحُكُّ بِلَيْمونة رَغْبَتي.. عَانِقيني لأُولَدَ ثَانيةً
مِنْ رَوائِح شَمْسٍ ونَهْرٍ عَلَى كَتِفَيْك، ومِن قَدَمَيْنْ
تَخْمِشَانِ المساءَ فيبكي حَليباً لِلَيْلِ القَصيدَة..

UN JOUR, JE M'ASSOIRAI
SUR LE TROTTOIR

Un jour je m'assoirai sur le trottoir, le trottoir de
l'étrangère
Je n'étais pas un narcisse, bien que défendant mon
image
Dans les miroirs. As-tu jamais été là, l'étranger ?
Cinq siècles passés et achevés, et notre rupture
demeure, là, inaboutie
Et entre nous les lettres, toujours, et les guerres
N'ont pas modifié les jardins de ma Grenade. Cer-
tain jour je passe par ses lunes
Et je frotte d'un citron mon désir. Enlace-moi que je
renaisse
Des parfums d'un soleil, d'un fleuve sur tes épaules,
de pieds
Qui égratignent le soir et il verse des larmes de lait à
la nuit du poème

لَمْ أَكُنْ عَابِراً في كَلاَمِ المُغَنِّينَ.. كُنْتُ كَلاَمَ
المُغَنِّينَ، صُلْحَ أَثِينا وَفَارِسَ، شَرْقاً يُعَانِق غَرْباً
في الرَّحِيلِ إِلَى جَوهرٍ وَاحِد. عَانِقِينِي لأُولَدَ ثَانِية
من سُيُوفٍ دِمَشْقِيَّةٍ في الدَّكَاكِين. لَمْ يَبْقَ مِنِّي
غَيْرُ دِرْعِي القَدِيمَةِ، سَرْجِ حِصَانِي المُذَهَّب. لَمْ يَبْقَ مِنِّي
غَيْرُ مَخْطُوطَةٍ لابْنِ رُشْد، وَطَوْقِ الحَمَامَةِ، والتَّرْجَمَاتْ..
كُنْتُ أَجلُسُ فَوْقَ الرصيفِ عَلَى سَاحَةِ الأُقْحُوانَةِ
وأَعُدُّ الحَمَامَات : وَاحدةً، إِثْنَتيْن، ثَلاَثِينَ.. والفَتَيات اللَّواتِي
تَخَاطَفْنَ ظِلَّ الشُّجَيْرَات فَوْقَ الرِّخَامِ، وَيَتْرُكْنَ لِي
وَرَقَ العُمْرِ، أَصْفَرَ. مَرَّ الخَرِيفُ عَلَيَّ وَلَمْ أَنْتَبِهْ
مَرَّ كُلُّ الخَرِيفِ، وتَارِيخُنَا مَرَّ فَوْقَ الرَّصِيفِ..
وَلَمْ أَنْتَبِهْ !

Je ne fus pas un passant dans les mots des chanteurs
J'étais leurs paroles
La réconciliation d'Athènes et de la Perse, un Orient
étreignant un Occident
Dans le départ vers une même essence. Enlace-moi
que je renaisse
D'épées damascènes dans les magasins. Il ne reste
de moi
Que ma vieille armure, la selle sertie d'or de mon
cheval. Il ne reste de moi
Qu'un manuscrit d'Averroès, le Collier du pigeon, et
les traductions
J'étais assis sur le trottoir sur la place des pâquerettes
Et je comptais les pigeons : un, deux, trente… et les
jeunes filles qui
Subtilisaient l'ombre des arbrisseaux sur le marbre,
et me laissaient
Les feuilles de l'âge, jaunies. L'automne est passé
par moi et je n'y ai pris garde
Tout l'automne est passé, et l'Histoire est passée sur
ce trottoir
Et je n'y ai pris garde

لِلْحَقِيقَةِ وَجْهَانِ وَالثَّلْجُ أَسْوَد

لِلْحقيقة وَجْهَان، والثَّلْجُ أَسْوَدُ فوقَ مَدينتنا
لَمْ نَعُدْ قادرينَ عَلَى اليَأْسِ أَكْثَرَ مِمَّا يَئَسْنا..
وَالنِّهايةُ تَمْشي إلَى السُّورِ واثِقَةً مِنْ خُطَاهَا
فوقَ هَذا البلاطِ المُبَلَّلِ بالدَمْعِ، واثِقَةً مِنْ خُطَاهَا
مَنْ سَيُنْزِلُ أَعْلَامَنا : نَحْنُ، أَمْ هُمْ ؟ ومَنْ
سوْفَ يَتْلُو عَلَيْنا " مُعَاهَدَةَ الصُّلْحِ "، يا مَلِكَ الإحْتِضَارْ ؟
كُلُّ شَيْءٍ مُعَدٌّ لَنَا سَلَفًا، مَنْ سَيَنْزِعُ أَسْمَاءَنا
عَنْ هُوِيَّتِنا : أَنْتَ أَمْ هَمْ ؟ ومَنْ سوْفَ يزْرَعُ فينا
خُطْبَةَ التِّيه : " لَمْ نَسْتَطِعْ أَنْ نَفُكَّ الحصارْ
فَلْنُسَلِّمْ مَفَاتيحَ فِرْدَوْسِنا لِرَسولِ السَّلامِ، ونَنْجُوَ.. "

LA VÉRITÉ A DEUX VISAGES
ET LA NEIGE EST NOIRE

La vérité a deux visages et la neige est noire sur notre ville

Nous ne pouvons désespérer plus que nous ne l'avons fait, et la fin marche vers

Les remparts. Sûre de ses pas

Sur ces dalles mouillées de larmes. Sûre de ses pas

Qui mettra en berne nos étendards ? Nous ou Eux ? Et qui

Nous donnera lecture du Pacte de paix, ô roi de l'agonie ?

Tout est apprêté pour nous. Qui dépouillera notre identité de nos noms ?

Toi ou Eux ? Et qui posera en nous

Le sermon de l'errance : "Nous avons été incapables de briser l'encerclement

Remettons les clefs de notre paradis à l'émissaire de

لِلْحَقِيقَةِ وَجْهَانِ، كَانَ الشِّعَارُ المُقَدَّسُ سَيْفاً لَنَا

وَعَلَيْنَا، فَمَاذَا فَعَلْتَ بِقَلْعَتِنَا قَبْلَ هَذَا النَّهَارْ ؟

لَمْ تُقَاتِلْ لِأَنَّكَ تَخْشَى الشَّهَادَةَ، لَكِنَّ عَرْشَكَ نَعْشُكَ

فَاحْمِلِ النَّعْشَ كَيْ تَحْفَظَ العَرْشَ يَا مَلِكَ الإِنْتِظَارْ

إِنَّ هَذَا السَّلَامَ سَيَتْرُكُنَا حَفْنَةً مِنْ غُبَارْ..

مَنْ سَيَدْفِنُ أَيَّامَنَا بَعْدَنَا : أَنْتَ.. أَمْ هُمْ ؟ وَمَنْ

سَوْفَ يَرْفَعُ رَايَاتِهِمْ فَوْقَ أَسْوَارِنا : أَنْتَ.. أَمْ

فَارِسٌ يَائِسٌ ؟ مَنْ يُعَلِّقُ أَجْرَاسَهُمْ فَوْقَ رِحْلَتِنَا

أَنْتَ.. أَمْ حَارِسٌ بَائِسٌ ؟ كُلُّ شَيْءٍ مُعَدٌّ لَنَا

فَلِمَاذَا تُطِيلُ النِّهَايَةَ، يَا مَلِكَ الإِحْتِضَارْ ؟

la paix, et nous serons saufs…"

La vérité a deux visages. Notre emblème sacralisé était un glaive dans nos mains

Et un glaive pointé vers nous. Qu'as-tu fait de notre forteresse avant ce jour ?

Tu n'as pas combattu car tu crains le martyre, mais ton trône sera ton cercueil

Porte ton cercueil et préserve le trône, ô roi de l'attente

Ce départ nous laissera poignée de poussière

Qui enterrera nos jours après nous ? Toi ou Eux ? Et qui

Hissera leurs bannières sur nos remparts : Toi ou

Un cavalier désespéré ? Qui suspendra leurs cloches sur notre voyage

Toi ou un pauvre garde ? Tout est apprêté pour nous

Pourquoi éterniser la fin, ô roi de l'agonie ?

مَنْ أَنَا.. بَعْدَ لَيْلِ الغَرِيبَة ؟

مَنْ أَنَا بَعْدَ لَيْلِ الغَرِيبَة ؟ أَنْهَضُ مِنْ حُلْمِي
خَائِفاً مِن غُمُوضِ النَّهَارِ عَلَى مَرْمَرِ الدَّارِ، مِنْ
عَتْمَةِ الشَّمْسِ في الوَرْدِ، مِن مَاءِ نَافُورَتِي
خَائِفاً مِنْ حَلِيبٍ عَلَى شَفَةِ التِّينِ، مِنْ لُغَتِي
خَائِفاً، مِنْ هَوَاءٍ يُمَشِّطُ صَفْصَافَةً خَائِفاً، خَائِفاً
مِنْ وُضُوحِ الزَّمَانِ الكَثِيفِ، ومِنْ حَاضِرٍ لَمْ يَعُدْ
حَاضِراً، خَائِفاً مِنْ مُرُورِي عَلَى عَالَمٍ لَمْ يَعُدْ
عَالَمِي. أَيُّها اليَأْسُ كُنْ رَحْمَةً. أَيُّها المَوْتُ كُنْ

QUI SUIS-JE
APRÈS LA NUIT DE L'ÉTRANGÈRE ?

Qui suis-je après la nuit de l'étrangère ? Je sors de mon rêve
Effrayé par l'incertitude du jour sur le marbre de la demeure, par
La pénombre du soleil dans les roses, par le jet du bassin
Effrayé par le suc sur les commissures des figues, par ma langue
Effrayé, par un air apeuré qui peigne un saule pleureur, effrayé
Par la netteté du temps plein, et par un présent qui n'est plus
Présent. Effrayé par mon passage dans un monde qui n'est plus
Le mien. Toi le désespoir, sois miséricorde. Toi la mort sois

نِعْمَةٌ لِلغَرِيبِ الذي يُبْصِرُ الغَيْبَ أَوْضَحَ مِنْ
وَاقِعٍ لَمْ يَعُدْ وَاقِعاً. سَوْفَ أَسْقُطُ مِنْ نَجْمَةٍ
في السَّمَاء إِلَى خَيْمَةٍ في الطَّرِيقِ إِلَى... أَيْنَ ؟
أَيْنَ الطَّرِيقُ إِلَى أَيِّ شَيْءٍ ؟ أَرَى الغَيْبَ أَوْضَحَ مِنْ
شَارِعٍ لَمْ يَعُدْ شَارِعِي. مَنْ أَنَا بَعْدَ لَيْلِ الغَرِيبَةْ ؟
كُنْتُ أَمْشي إِلَى الذَّاتِ في الآخَرِين، وَهَا أَنَذا
أَخْسَرُ الذَّاتَ والآخَرِينَ، حِصَانِي عَلَى سَاحِلِ الأَطْلَسِيِّ اخْتَفَى
وَحِصَانِي عَلَى سَاحِلِ المُتَوَسِّطِ يُغْمِدُ رُمْحَ الصَّلِيبِيِّ فِيَّ.
مَنْ أَنَا بَعْدَ لَيْلِ الغَرِيبَةِ ؟ لاَ أَسْتَطِيعُ الرُّجُوعَ إِلَى
إِخْوَتِي قُرْبَ نَخْلَةِ بَيْتِي القَدِيمِ، ولا أَسْتَطِيعُ النُّزُولَ إِلَى
قَاعِ هَاوِيتي. أَيُّهَا الغَيْبُ ! لاَ قَلْبَ لِلحُبِّ.. لاَ
قَلْبَ لِلحُبِّ أُسْكِنُهُ بَعْدَ لَيْلِ الغَرِيبَةِ..

Une grâce pour l'étranger qui discerne l'invisible plus net qu'un

Réel qui n'est plus réalité. Je tomberai d'une étoile
Du ciel sur une tente en route… vers où ?

Où est le chemin qui mène à quoi que ce soit ? Je vois l'invisible plus net qu'une

Rue qui n'est plus ma rue. Qui suis-je après la nuit de l'étrangère ?

J'allais vers moi dans les autres, et voilà que

Je me perds et perds les autres. Mon cheval sur le littoral atlantique s'est volatilisé

Et mon cheval sur le littoral méditerranéen plante en moi la lance du Croisé.

Qui suis-je après la nuit de l'étrangère ? Je ne peux revenir à

Mes frères auprès du palmier de ma vieille maison, ni toucher le

Fond de mon abîme. L'Invisible ! Point de cœur à l'amour, point

De cœur à l'amour pour y élire demeure après la nuit de l'étrangère

كُنْ لجيتَارتي وَتَراً أَيُّها الماء

كُنْ لجيتَارتي وَتَراً أَيُّها الماءُ ؛ قد وَصلَ الفاتحونْ
وَمَضَى الفاتحونَ القُدامى. منَ الصَعْبِ أَنْ أَتَذَكَّرَ وَجهي
في المَرَايا. فَكُنْ أَنْتَ ذَاكرَتي كَيْ أَرَى ما فَقَدتْ..
مَنْ أَنَا بَعْدَ هَذَا الرَّحيلِ الجَمَاعيٍّ ؟ لي صَخْرَةٌ
تَحْملُ اسمي فَوْقَ هضَابٍ تُطلُّ عَلَى ما مَضَى
وانْقَضَى.. سَبْعمائَة عَام تُشيِّعُني خَلْفَ سُورِ المَدينَةْ..
عَبَثاً يَسْتَديرُ الزَّمَانُ لأُنْقذَ ماضِيَّ من بُرْهَة
تَلدُ الآنَ تَاريخَ مَنْفَايَ فِيَّ.. وَفي الآخَرينْ..
كُنْ لجيتَارتي وَتَراً أَيُّها الماء، قَدْ وَصلَ الفاتحونْ

44

TOI L'EAU
SOIS UNE CORDE A MA GUITARE

Toi l'eau sois une corde à ma guitare. Les conqué-
rants sont venus
Et les conquérants anciens sont passés. Difficile de
me souvenir de mon visage
Dans les miroirs. Sois ma mémoire et je verrai ce
que j'ai perdu
Qui suis-je après cet exode ? J'ai un rocher
A mon nom sur des plateaux. Ils ont vue sur ce qui
s'est écoulé
Et achevé. Sept siècles marchent à mes côtés der-
rière les remparts de la ville
En vain s'arrondit le temps pour que je sauve mon
passé d'un instant
Qui à présent donne naissance à l'histoire de mon
exil en moi et dans les autres
Toi l'eau sois une corde à ma guitare. Les conqué-
rants sont venus

وَمَضَى الفَاتِحونَ القُدامى جَنوباً شُعُوباً تُرَمِّمُ أَيّامَها
في رُكامِ التَّحوُّلِ : أَعرِفُ مَنْ كُنْتُ أَمْس، فَمَاذا أَكونُ
في غَدٍ تَحْتَ رَايَاتِ كُولُومْبوسَ الأَطْلَسِيَّة ؟ كُنْ وَتَرَا
كُنْ لِجيتَارَتي وَتَراً أَيُّهَا الماء. لاَ مِصرَ في مِصرَ، لاَ
فَاس في فَاس، والشَّامُ تَنْأى. وَلاَ صَقْرَ في
رَايَة الأَهْلِ، لاَ نَهْرَ شَرقَ النَّخيلِ المُحَاصَرْ
بِخيُولِ المَغُولِ السَّريعَة. في أَيِّ أَندَلُسٍ أَنْتَهي ؟ هُهُنا
أَمْ هُنَاكَ ؟ سَأَعْرِفُ أَنِّي هَلَكْتُ وأَنِّي تَرَكْتُ هُنا
خَيْرَ مَا فِيَّ : مَاضِيَّ. لَمْ يَبْقَ لي غَيْرَ جيتَارَتي.
كُنْ لِجيتَارَتي وَتَراً أَيُّهَا المَاءُ. قَدْ ذَهَبَ الفَاتِحونْ
وَأَتَى الفَاتِحونْ...

Et les conquérants anciens sont passés vers le Sud,
peuples qui restaurent leurs jours

Dans les amas du changement. Je sais qui j'étais
hier. Qui serais-je

Dans un lendemain sous les bannières atlantiques de
Colomb ? Sois une corde

Toi l'eau et, sois une corde à ma guitare. Point
d'Egypte en Egypte, point

De Fès à Fès, et Damas s'éloigne. Et pas de faucon
dans

L'étendard des miens. Pas de fleuve à l'est des pal-
miers assiégés

Par les chevaux agiles des Moghols. Dans quelle
Andalousie disparaîtrai-je ? Là

Ou là-bas ? Je saurai que j'ai décédé et qu'ici j'ai laissé
Le meilleur de moi. Mon passé. Je n'ai plus que ma
guitare

Toi l'eau sois une corde à ma guitare. Les con-
quérants sont partis

Et sont venus les conquérants

في الرَّحيلِ الكَبيرِ أُحبُّك أكْثَرَ..

في الرَّحيلِ الكَبيرِ أُحبُّك أكْثَرَ، عمَّا قليلْ
تُقفلين المَدينةَ. لا قَلْبَ لي في يَدَيْك، ولاَ
دَرْبَ يَحْمِلُني، في الرَّحيلِ الكَبيرِ أُحبُّك أكْثَرْ
لا حَليبَ لِرُمَّان شُرْفَتِنا بَعْدَ صَدْرِك. خفَّ النَّخيلْ
خفَّ وَزْنُ التِّلالِ، وخَفَّتْ شوارعُنا في الأصيلْ
خَفَّت الأرْضُ إذْ وَدَّعَتْ أرْضَهَا. خَفَّت الكَلِمَاتْ
والحكَايَاتُ خَفَّتْ عَلَى دَرَج اللَّيْلِ. لكنَّ قَلْبي ثَقيلْ
فاترُكيه هُنا حَوْلَ بيْتِك يَعْوي ويَبْكي الزَّمَانَ الجَميلْ،
ليْسَ لي وطَنٌ غيْرُه، في الرَّحيلِ أُحبُّك أكْثَرْ

DANS LE GRAND DÉPART
JE T'AIME PLUS ENCORE

Dans le grand départ je t'aime plus encore. Sous peu
Tu refermeras la ville. Je n'ai pas de cœur dans tes
mains, et pas
De chemin qui me porte. Dans le grand départ je
t'aime plus encore
Notre grenadier après toi a perdu sa sève. Plus légers
les palmiers
Plus légères les collines, et nos rues dans le crépuscule
Et la terre qui dit adieu à sa terre. Plus légers les
mots
Et les contes sur les marches de la nuit. Mais mon
cœur est lourd
Laisse-le là, qui hurle autour de ta maison et pleure
les beaux jours
Je n'ai d'autre patrie que lui. Dans le grand départ je
t'aime plus encore

أُفْرِغُ الرُّوحَ من آخِرِ الكَلِمَاتِ : أُحِبُّكِ أَكْثَرْ
في الرَّحيلِ تَقُودُ الفَرَاشَاتُ أرْوَاحَنا، في الرَّحيلْ
نَتَذَكَّر زِرَّ القَميص الذي ضَاعَ مِنَّا، وَنَنْسَى
تَاجَ أيَّامِنا، نَتَذَكَّرُ رَائحةَ العَرَقِ المِشْمِشيِّ، ونَنْسَى
رَقْصةَ الخَيْلِ في لَيْلِ أعْرَاسِنا، في الرَّحيلْ
نَتَسَاوى مَعَ الطَّيْرِ، نَرْحَمُ أيَّامَنا، نكْتَفي بالقَليلْ
أكْتَفي مِنْكَ بالخَنْجرِ الذَّهَبيِّ يُرَقِّصُ قَلْبي القَتيلْ
فَاقْتُليني، عَلَى مَهَلٍ، كَيْ أقُولَ : أُحِبُّكِ أَكْثَرَ مِمَّا
قُلْتُ قَبْلَ الرَّحيلِ الكَبير. أُحِبُّكِ. لاَ شَيْءَ يُوجِعُني
لاَ الهَوَاءُ، ولا المَاءُ.. لاَ حَبَقٌ في صَبَاحِك لاَ
زَنْبَقٌ في مَسَائك يُوجِعُني بَعْدَ هَذَا الرَّحيلْ...

Je vide l'âme des derniers mots. Je t'aime plus encore

Dans le départ les papillons guident nos âmes. Dans le départ

Nous nous souvenons d'un bouton de chemise perdu, et nous oublions

La couronne de nos jours. Nous nous souvenons de la sueur aux parfums de l'abricot, et nous oublions

La danse des chevaux dans les nuits de noces. Dans le départ

Nous égalons l'oiseau. Nous compatissons pour nos jours et nous nous contentons de peu

Il me suffit de toi le poignard doré qui fais danser mon cœur meurtri

Tue-moi lentement et je dirai : Je t'aime plus que

Je ne l'ai dit avant le grand départ. Je t'aime. Rien ne me fait mal

Ni l'air, ni l'eau. Plus de basilic dans ton matin, plus

De lys dans ton soir qui m'endolorissent après ce départ

لاَ أُريدُ من الحُبِّ غيرَ البِدايَة

لا أُريدُ مِنَ الحُبِّ غيرَ البِداية، يَرفُو الحَمَامْ
فَوقَ سَاحَاتِ غرْنَاطتي ثَوْبَ هَذا النهَارْ
في الجِرَارِ كثيرٌ من الخَمْر للعيد من بَعْدنا
في الأغَاني نَوَافذُ تَكْفي وتَكْفي لِيَنْفجرَ الجُلَّنَارْ

أَتْرُكُ الفُلَّ في المِزْهَرِيَّة، أَتْرُكُ قَلْبي الصَّغِيرْ
في خِزَانَة أُمّي، أَتْرُكُ حُلْميَ في المَاء يَضْحَكْ
أَتْرُكُ الفَجْرَ في عَسَلِ التّينِ، أَتْرُكُ يَوْمي وأَمْسي
في المَمَرِّ إلى سَاحَةِ البُرْتُقَالة حَيْثُ يَطِيرُ الحَمَامْ

JE NE DÉSIRE DE L'AMOUR
QUE LE COMMENCEMENT

Je ne désire de l'amour que le commencement. Au-dessus des places de ma Grenade
Les pigeons ravaudent le vêtement de ce jour
Dans les jarres, du vin à profusion pour la fête après nous
Dans les chansons, des fenêtres qui suffiront et suffiront pour qu'explosent les fleurs du grenadier

Je laisse le sambac dans son vase. Je laisse mon petit cœur
Dans l'armoire de ma mère. Je laisse mon rêve riant dans l'eau
Je laisse l'aube dans le miel des figues. Je laisse mon jour et ma veille
Dans le passage vers la place de l'oranger où s'envolent les pigeons

هَلْ أَنَا مَنْ نَزَلْتُ إِلَى قَدَمَيْكِ، لِيَعْلُوَ الكَلَامْ
قَمْراً في حَليب لَيَاليك أَبْيَضَ.. دُقِّي الهَوَاء
كَيْ أَرَى شَارع النَّاي أَزْرَقَ.. دُقِّي المَسَاء
كَيْ أَرَى كَيْفَ يَمْرَضُ بَيْني وَبَيْنَكِ هَذَا الرّخَامْ

الشَبَابيكُ خَاليةٌ مِنْ بَسَاتين شَالك. في زَمَن
آخرَ كُنْتُ أَعْرِفُ عَنْكِ الكَثيرَ، وَأَقْطِفُ غَارْدينيَا
من أَصَابعِكِ العَشْرِ. في زَمَن آخر كَانَ لي لُؤْلُؤٌ
حَوْلَ جِيدِكِ، واسمٌ عَلَى خَاتَمٍ شَعَّ منهُ الظلامُ

لا أُريدُ من الحُبِّ غيرَ البِدَاية، طَارَ الحَمَامْ
فَوْقَ سَقْفِ السَّمَاء الأَخيرَةِ، طَارَ الحَمَامُ وَطَارْ

Suis-je celui qui est descendu à tes pieds pour que montent les mots
Lune blanche dans le lait de tes nuits ? Martèle l'air
Que je voie bleue, la rue de la flûte. Martèle le soir
Que je voie comment entre toi et moi s'alanguit ce marbre.

Les fenêtres sont vides des jardins de ton châle. En un autre temps
Je savais nombre de choses de toi, et je cueillais le gardénia
A tes dix doigts. En un autre temps je possédais des perles
Autour de ton cou et un nom gravé sur une bague d'où jaillissait la nuit

Je ne désire de l'amour que le commencement. Les pigeons se sont envolés
Par-dessus le toit du ciel dernier. Ils se sont envolés et envolés

سَوْفَ يَبْقَى كَثِيرٌ مِنَ الخَمْرِ، مِنْ بَعْدِنا، في الجِرَارْ
وقَلِيلٌ مِنَ الأَرْضِ يَكْفِي لِكَيْ نَلْتَقِي، وَيَحُلَّ السَّلامْ

Il restera après nous du vin à profusion dans les jarres

Et quelque terre suffisante pour que nous nous retrouvions, et que la paix soit

الكَمَنْجاتُ

الكَمَنْجاتُ تَبْكي مَعَ الغَجَرِ الذَّاهِبينَ إلى الأَنْدَلُسْ
الكَمَنْجاتُ تَبْكي عَلَى العَرَبِ الخَارِجينَ مِنَ الأَنْدَلُسْ

الكَمَنْجاتُ تَبْكي عَلَى زَمَنٍ ضائِعٍ لا يَعودْ
الكَمَنْجاتُ تَبْكي عَلَى وَطَنٍ ضائِعٍ قَدْ يَعودْ

الكَمَنْجاتُ تُحْرِقُ غَابات ذَاكَ الظَلامِ البَعيد البَعيدْ
الكَمَنْجاتُ تُدْمي المَدَى، وتَشُمُّ دَمي في الوَريدْ

LES VIOLONS

Les violons pleurent avec les gitans qui partent pour
l'Andalousie
Les violons pleurent les Arabes qui sortent de l'An-
dalousie

Les violons pleurent un temps perdu qui ne revien-
dra pas
Les violons pleurent une patrie perdue qui peut-être
reviendra

Les violons enflamment les forêts de cette obscurité
lointaine, si lointaine
Les violons ensanglantent les couteaux et hument
mon sang dans ma veine jugulaire

الكَمَنْجَاتُ تَبْكِي مَعَ الغَجَرِ الذّاهِبِينَ إلَى الأَنْدَلُسْ
الكَمَنْجَاتُ تَبْكِي عَلَى العَرَبِ الخَارِجِينَ مِنَ الأَنْدَلُسْ

الكَمَنْجَاتُ خَيْلٌ عَلَى وَتَرٍ مِنْ سَرابٍ، وَمَاءٌ يَئِنُّ
الكَمَنْجَاتُ حَقْلٌ مِنَ اللّيْلَكِ المُتَوَحِّشِ يَنْأى وَيَدْنُو

الكَمَنْجَاتُ وَحْشٌ يُعَذِّبُهُ ظُفْرُ امْرَأَةٍ مَسَّهُ، وابْتَعَدْ
الكَمَنْجَاتُ جَيْشٌ يُعَمِّرُ مَقْبَرَةً مِنْ رُخَامٍ وَمِنْ نَهَوَنْدْ

الكَمَنْجَاتُ فَوْضَى قُلُوبٍ تُجَنِّنُهَا الرِّيحُ فِي قَدَمِ الرَاقِصَةْ
الكَمَنْجَاتُ أَسْرابُ طَيْرٍ تَفِرُّ مِنَ الرّايَةِ النّاقِصَةْ

الكَمَنْجَاتُ شَكْوَى الحَرِيرِ المُجَعَّدِ فِي لَيْلَةِ العَاشِقَةْ
الكَمَنْجَاتُ صَوْتُ النبِيذِ البَعِيدِ عَلَى رَغْبَةٍ سَابِقَةْ

Les violons pleurent avec les gitans qui partent pour
l'Andalousie
Les violons pleurent les Arabes qui sortent de l'An-
dalousie

Les violons, chevaux sur une corde de mirage et une
eau qui geint
Les violons, chant de lilas sauvages qui s'éloigne et
revient

Les violons, monstre que torture l'ongle d'une
femme qui l'effleure et s'éloigne
Les violons, armée qui édifie un cimetière de marbre
et de nahawand

Les violons, anarchie de cœurs qu'affole le vent
dans les pas de la danseuse
Les violons, essaims d'oiseaux qui s'échappent de la
bannière inachevée

Les violons, plainte de la soie ridée dans la nuit de
l'amante
Les violons, voix du vin lointain sur un désir révolu

الكَمَنْجَاتُ تَتْبَعُني، هَهُنا وهُنَاكَ، لتَثأَرَ مَنِّي
الكَمَنْجَاتُ تَبْحَثُ عَنِّي لِتَقْتُلَني، أيْنَما وَجَدَتني

الكَمَنْجَاتُ تَبْكي عَلَى العَرَب الخَارِجينَ مِنَ الأَنْدَلُسْ
الكَمَنْجَاتُ تَبْكي مَعَ الغَجَرِ الذَّاهِبينَ إلَى الأَنْدَلُسْ

Les violons me suivent, ici et là-bas, pour se venger
de moi
Les violons me recherchent pour m'occire, où qu'ils
me trouvent

Les violons pleurent les Arabes qui sortent de l'An-
dalousie
Les violons pleurent avec les gitans qui partent pour
l'Andalousie

1992

خُطْبَةُ "الهنديّ الأحمر"

ـ مَا قَبْلَ الأخيرة ـ

أمام الرّجْلِ الأبيض

DISCOURS DE L'HOMME ROUGE

Mort, ai-je dit ? Il n'y a pas de mort. Seule-
ment un changement de mondes.

SEATTLE

I

إذاً، نَحْنُ مَنْ نَحْنُ في المسيسبّي. لَنا ما تَبَقَّى لنا
مِنَ الأَمْسِ /

لكنَّ لَوْنَ السَّماء تَغيَّرَ، والبَحْرَ شَرقاً

تَغيَّرَ، يا سَيِّدَ الْبيض ! يا سَيِّدَ الخَيْلِ، ماذا تُريدُ
مِنَ الذَّاهبينَ إلى شجَرِ اللّيْلِ ؟ /

عاليةٌ روحُنا، والمَراعي مُقَدَّسَةٌ، والنّجومْ

كَلامٌ يُضيءُ... إذا أَنْتَ حَدَّقْتَ فيها قَرَأْتَ حكايَتَنا كُلَّها :

وُلِدْنا هُنا بَيْنَ ماءٍ ونارٍ ... ونولَدُ ثانيةً في الغيومْ

على حافّة السّاحل اللّازَوَرْدِيِّ بَعْدَ القيامة... عَمّا قَليلْ

فلا تَقْتُلِ العُشْبَ أكْثَرَ، للْعُشْبِ روحٌ يُدافعُ فينا

عَنِ الرّوح في الأرْضِ /

يا سَيِّدَ الخَيْلِ ! عَلِّمْ حصانَكَ أنْ يَعْتَذِرْ

لروحِ الطّبيعةِ عَمّا صنَعْتَ بأشْجارِنا :

66

I

Ainsi, nous sommes qui nous sommes dans le Missis-
sippi. Et les reliques d'hier nous échoient. Mais la
couleur du ciel a changé et la mer à l'Est a changé.
O maître des Blancs, seigneur des chevaux, que
requiers-tu de ceux qui partent aux arbres de la nuit ?
Elevée est notre âme et sacrés sont les pâturages. Et
les étoiles sont mots qui illuminent… Scrute-les, et tu
liras notre histoire entière : ici nous naquîmes entre
feu et eau, et sous peu nous renaîtrons dans les nuages
au bord du littoral azuré. Ne meurtris pas davantage
l'herbe, elle possède une âme qui défend en nous
l'âme de la terre. O seigneur des chevaux, dresse ta
monture qu'elle dise à l'âme de la nature son regret
de ce que tu fis à nos arbres. Arbre mon frère. Ils t'ont

آهٍ ! يا أُخْتيَ الشَّجَرَهْ
لَقَدْ عَذَّبوكِ كَما عَذَّبُوني
فلا تَطْلُبي المَغْفِرَهْ
لِحَطَّابَ أُمّي وأُمِّكْ ... /

II

...لَنْ يَفْهَمَ السيِّدُ الأَبْيَضُ الكَلِمَاتِ العَتيقَةْ
هُنا، في النُّفوسِ الطَّليقَةِ بَيْنَ السَّماءِ وبَيْنَ الشَّجَرِ ...
فَمِنْ حَقِّ كولومبوسَ الحُرِّ أَنْ يَجِدَ الهِنْدَ في أيِّ بَحْرٍ،
وَمِنْ حَقِّهِ أَنْ يُسَمِّيَ أَشْباحَنا فُلْفُلاً أَوْ هُنودا،
وَفي وُسْعِهِ أَنْ يُكَسِّرَ بَوْصلَةَ البَحْرِ كَيْ تَسْتَقيمَ
وَأَخْطاءَ ريحِ الشَّمالِ، ولكنَّهُ لا يُصَدِّقُ أَنَّ البَشَرَ
سَواسِيَّةٌ كالْهَواءِ وكالْماءِ خارجَ مَمْلَكَةِ الْخارطَةِ !
وَأنَّهُمْ يولَدونَ كَما تولَدُ النَّاسُ في بَرْشلونةَ، لكنَّهمْ يَعْبُدون
إلهَ الطَّبيعَةِ في كُلِّ شَيْءٍ.... وَلا يَعْبُدونَ الذَّهَبْ....
وكولومبوسُ الحُرُّ يَبْحَثُ عَنْ لُغَةٍ لَمْ يَجِدْها هُنا،
وَعَنْ ذهَبٍ في جَماجِمِ أَجْدادِنا الطَّيِّبينَ وكانَ لَهُ
مَا يُريدُ مِنَ الحَيِّ والمَيْتِ فينا. إذاً
لِماذا يُواصِلُ حَرْبَ الإبادَةِ، مِنْ قَبْرِهِ، للنِّهايَةِ ؟

fait souffrir tout comme moi. Ne demande pas miséricorde pour le bûcheron de ma mère et de la tienne.

II

Le maître blanc ne comprendra pas les mots anciens, là, dans les âmes en liberté entre le ciel et les arbres. Il est du droit de Colomb le libre de trouver les Indes dans n'importe quelle mer. De son droit de nommer nos fantômes, piment ou Indiens. Et il peut briser la boussole de la mer, qu'elle se redresse. Et il peut infirmer le vent du nord. Mais il ne pense pas que les humains sont semblables, tels le vent et l'eau, à l'extérieur du royaume des cartes. Qu'ils naissent tout comme l'on naît à Barcelone, mais en toutes choses adorent le dieu de la nature et n'adorent pas l'or. Et Colomb le libre quête une langue qu'il n'a pas trouvée ici, et il quête l'or dans les crânes de nos pères bienveillants. Et Colomb a obtenu autant qu'il lui plaisait de vivants et de morts. Pourquoi de sa tombe éternise-t-il l'extermination ? Et de nous ne demeurent

وَلَمْ يَبْقَ مِنَّا سوى زينةٍ للخَراب، وريشٍ خفيفٍ على
ثيابِ البُحَيْرات. سَبْعونَ مَلْيونَ قَلْبٍ فَقَأْتَ... سَيَكْفي
وَيَكْفي، لِتَرْجِعَ مِنْ مَوْتِنا مَلِكاً فَوْقَ عَرْشِ الزَّمانِ الجَديد...
أما آنَ أَنْ نَلْتَقِيَ، يا غريبُ، غَريبَيْنِ في زَمَنٍ واحدٍ ؟
وَفي بَلَدٍ واحدٍ، مِثْلَما يَلْتَقي الغُرَباءُ على هاوِيَةٍ ؟
لَنا مَا لَنَا... ولَنَا ما لَكُمْ مِنْ سَماء
لَكُمْ ما لَكُمْ... ولَكُمْ ما لَنا مِنْ هَواءٍ ومَاء
لَنا ما لَنَا مِنْ حَصىً... ولَكُمْ ما لَكُمْ مِنْ حَديد
تَعَالَ لِنَقْتَسِمَ الضَّوْءَ في قُوَّةِ الظِّلِّ، خُذْ ما تُريد
مِنَ اللَّيْلِ، واتْرُكْ لَنا نَجْمَتَيْنِ لِنَدْفِنَ أَمْواتِنا في الفَلَك
وخُذْ ما تُريدُ مِنَ البَحْرِ، واتْرُكْ لَنا مَوْجَتَيْنِ لِصَيْدِ السَّمَك
وخُذْ ذَهَبَ الأَرْضِ والشَّمْسِ، واتْرُكْ لَنا أَرْضَ أَسْمائِنا
وَعُدْ، يا غَريبُ، إلى الأَهْلِ... وابْحَثْ عَنِ الْهِنْد /

70

que guirlande pour la désolation et plumes légères sur les vêtements des lacs. Soixante-dix millions de cœurs éclatés. Cela suffira et suffira pour que tu reviennes de notre mort, roi sacré sur le trône du temps nouveau. N'est-il pas venu le temps que nous nous retrouvions, l'Etranger ? Deux étrangers en un même temps, en un même pays, comme se retrouvent les Etrangers sur un abîme ? Pour nous, ce qui nous échoit, et pour nous, votre part de ciel. Pour vous, ce qui vous échoit, et pour vous, notre part d'air et d'eau. Pour nous, notre part de gravats, et pour vous, votre part de fer.

Viens que nous partagions la lumière dans la force de l'ombre. Prends ton bon vouloir de la nuit, et laisse-nous deux étoiles que nous enterrions nos morts dans la sphère céleste ; et prends ton bon vouloir de la mer et laisse-nous deux vagues pour la pêche ; et prends l'or de la planète et du soleil et laisse-nous la terre de nos noms et repars, chez les tiens, l'Etranger, et quête les Indes.

III

... أَسْماؤُنا شَجَرٌ مِنْ كَلامِ الإلهِ، وَطَيْرٌ تُحَلِّقُ أَعْلى
مِنَ البُنْدُقِيّة. لا تَقْطَعوا شَجَرَ الإسْمِ يا أَيُّها القادِمونَ
مِنَ البَحْرِ حَرْباً، وَلا تَنْفُثُوا خَيْلَكُمْ لَهَباً في السُّهول
لَكُمْ رَبُّكُمْ ولَنَا رَبُّنا، وَلَكُمْ دينُكُمْ ولَنَا دينُنا
فلا تَدْفِنوا اللَّهَ في كُتُبٍ وَعَدَتْكُمْ بِأرْضٍ على أرْضِنا
كَما تَدَّعونَ، وَلا تَجْعَلوا رَبَّكُمْ حاجِباً في بَلاطِ المَلِك !
خُذوا وَرْدَ أَحْلامِنا كَيْ تَرَوْا ما نَرى مِنْ فَرَحْ !
وَناموا على ظلِّ صَفْصافِنا كَيْ تَطيروا يَماماً يَماما...
كَما طارَ أَسْلافُنا الطَّيِّبونَ وَعادوا سَلاماً سَلاما.
سَتَنْقُصكُمْ، أيُّها البيضُ، ذكْرى الرَّحيلِ عَنِ الأبْيَضِ المُتَوَسِّط،
وتَنْقُصكُمْ عُزْلَةُ الأبَدِيَّةِ في غابَةٍ لا تُطِلُّ على الْهاوِيَةْ
وتَنْقُصُكُمْ حِكمةُ الانْكِسارات، تَنْقُصُكُمْ نَكْسةٌ في الحُروب
وتَنْقُصكُمْ صخْرَةٌ لا تُطيعُ تَدَفُّقَ نَهْرِ الزَّمانِ السَّريع
سَتَنْقُصُكُمْ ساعةٌ للتَّأَمُّلِ في أيِّ شَيْءٍ، لتَنْضِجَ فيكُمْ
سَماءٌ ضَروريَّةٌ للتُّرابِ، سَتَنْقُصُكُمْ ساعةٌ للتَّرَدُّدِ ما بَيْنَ دَرْبٍ
وَدَرْبٍ، سَيَنْقُصُكُمْ يوربيدوسُ يَوْماً، وَأَشْعارُ كَنْعانَ والْبابِلِيِّينَ،
تَنْقُصُكُمْ أغاني سُلَيْمانَ عَنْ شولَميتْ، سَيَنْقُصُكُمْ سَوْسَنٌّ للحَنين
سَتَنْقُصُكُمْ، أيُّها البيضُ، ذِكْرى تُرَوِّضُ خَيْلَ الْجُنون

III

Nos noms sont des arbres modelés dans la parole du dieu et oiseaux qui planent plus haut que les fusils. Ne coupez pas les arbres du nom, vous qui venez guerre de la mer. Et ne lancez pas vos chevaux flammes sur les plaines. Vous avez votre dieu, et nous, le nôtre. Vos croyances, et nous, les nôtres. N'ensevelissez pas Dieu dans des livres qui vous ont fait promesse d'une terre qui recouvre la nôtre. Ne faites pas de Lui un huissier à la porte du roi. Prenez les roses de nos rêves pour voir ce que nous voyons de joie ! Et sommeillez au-dessus de l'ombre de nos saules, pour vous envoler mouettes et mouettes, ainsi que s'élancèrent nos pères bienveillants avant de revenir paix et paix. Il vous manquera, ô Blancs, le souvenir de l'adieu à la Méditerranée et vous manquera la solitude de l'éternité dans une forêt qui ne débouche point sur un abîme, et la sagesse des brisures. Et il vous manque une défaite dans les guerres. Et un rocher récalcitrant au déferlement du fleuve du temps véloce. Et il vous manquera une heure pour une quelconque contemplation, pour que grandisse

وقَلْبٌ يَحُكُّ الصُّخورَ لَتصقُلَهُ في نداء الكَمَنْجات... ينْقُصكُمْ
وتَنْقُصكُمْ حَيْرَةٌ للمُسدَّس : إنْ كان لا بُدَّ منْ قتْلنَا
فَلا تَقتُلوا الكائنَات التي صادَقْتنا، ولا تَقْتُلوا أمْسَنا
سَتَنْقُصُكُمْ هُدْنَةٌ مَعَ أشْبَاحنا في لَيالي الشِّتَاء الْعَقيمَة
وشَمْسٌ أقَلُّ اشْتعالاً، وبَدْرٌ أقَلُّ اكتمالاً، لتبْدُوَ الْجَريمة
أقَلَّ احْتفَالاً على شَاشَة السِّينما، فخُذوا وقتْكُمْ
لكيْ تَقتُلوا اللَّه...

IV
...نَعْرفُ ماذا يُخبِّي هَذا الْغُموضُ الْبَليغُ لنا
سَماءٌ تَدَلَّتْ على ملْحنَا تُسلْمُ الرُّوحَ. صَفْصافةٌ
تَسيرُ على قَدَم الرِّيح، وحُشٌّ يُؤَسِّسُ مَمْلَكةً فى

74

en vous un ciel nécessaire à la tourbe, une heure pour hésiter devant deux chemins. Euripide un jour vous manquera, et les poèmes de Canaan et des Babyloniens, et les chansons de Salomon à Shula-mit. Et vous manquera le lys sauvage pour la nos-talgie, et vous manquera, ô Blancs, un souvenir qui apprivoise les chevaux de la démence et un cœur qui racle les rochers afin qu'ils le taillent dans l'appel des violons. Et il vous manque et manque l'hésita-tion des armes. Et s'il faut nous tuer, ne tuez point les êtres qui avec nous d'amitié se lièrent et ne tuez pas notre passé. Et il vous manquera une trêve avec nos fantômes dans les nuits stériles, un soleil moins enflammé, une lune moins pleine, pour que le crime apparaisse moins fêté sur vos écrans. Alors prenez tout votre temps pour la mise à mort de Dieu.

IV

Nous savons ce que cache cette éloquente ambiguïté. Un ciel qui se répand sur notre sel et rend l'âme, un saule qui avance sur les pas du vent, un monstre qui fonde un royaume dans les trouées de l'atmosphère

نُقوب الفَضَاء الجَريح... وبَحْرٌ يُملِّحُ أَخْشَابَ أَبْوَابِنا،
ولَمْ تَكُن الأَرْضُ أَثْقَلَ قَبْلَ الخَلِيقة، لكنَّ شيئاً
كهذا عَرَفْناهُ قَبْلَ الزَّمَان... سَتَرْوي الرِّيَاحُ لنا
بدايَتَنَا والنِّهاية، لكنّنا نَنزِفُ اليَوْمَ حاضِرَنا
ونَدْفِنُ أَيّامَنَا في رَمادِ الأَساطِير، ليْسَتْ أثينا لنا،
ونَعْرِفُ أَيّامَكمْ مِنْ دُخانِ المَكان، وليْسَتْ أثينا لَكُمْ،
ونَعْرِفُ ما هيّأَ المَعْدِنُ ــ السَّيِّدُ اليْوَمَ مِنْ أَجْلِنَا
ومَنْ أَجْلِ آلِهَة لَمْ تُدافِع عَنِ المِلْح في خُبْزِنا
ونَعْرِفُ أَنَّ الحَقيقَةَ أَقْوَى مِنَ الحَقِّ، نَعْرِفُ أَنَّ الزَّمَان
تَغَيَّرَ، مُنْذُ تَغَيَّرَ نَوْعُ السِّلاح. فَمَنْ سَوفَ يَرْفَعُ أَصْواتَنَا
إلى مَطَرٍ يابِسٍ في الغُيوم ؟ ومَنْ يَغْسِلُ الضَّوْءَ مِنْ بَعْدِنا
ومَنْ سَوفَ يَسْكُنُ مَعْبَدَنَا بَعْدَنا ؟ مَنْ سَيَحْفَظُ عاداتِنا
مِنَ الصَّخَبِ المَعْدَنيِّ ؟ " نُبَشِّرُكُمْ بالحَضَارة " قال الغَريبُ، وقَالَ :
أَنا سَيِّدُ الوَقْت، جِئْتُ لكَيْ أَرِثَ الأَرْضَ مِنْكُمْ،
فَمُرُّوا أَمامي، لأُحْصيَكُمْ جُثّةً جُثّةً فَوق سَطْحِ البُحَيْرة
" أُبَشِّرُكمْ بالحَضَارة " قال، لتَحْيا الأَناجيلُ، قال، فَمُرُّوا
ليَبْقى لِيَ الرَّبُّ وَحْدي، فإنَّ هُنوداً يَموتونَ خَيْرٌ
لسَيِّدِنا في العُلْى مِنْ هُنودٍ يَعيشونَ، والرَّبُّ أَبْيَض
وأَبْيَضُ هذا النَّهارُ : لَكُمْ عالَمٌ ولَنا عالَمٌ...

blessée et une mer qui sale les bois de nos portes. La terre n'était pas plus lourde avant la création. Mais nous avons connu cela avant le temps. Les vents nous conteront notre commencement et la fin, mais nous saignons aujourd'hui notre présent et enterrons nos jours dans la cendre des légendes. Et Athènes n'est point pour nous, et nous connaissons vos jours par la fumée du lieu, et Athènes n'est point pour vous et nous savons ce que le maître-métal nous réserve et réserve à des dieux qui ne prirent pas la défense du sel de notre pain. Et nous savons que la vérité est plus puissante que la justice, que les temps ont changé, et les armes. Qui élèvera nos voix à une pluie sèche dans les nuages ? Qui lavera la lumière après nous ? Qui habitera notre temple ? Qui préservera nos coutumes du fracas des métaux ? "Nous vous annonçons la bonne nouvelle de la civilisation" a dit l'Etranger, et il a dit "Je suis le seigneur du temps, venu recevoir la terre de vos mains". "Passez que je vous dénombre, dépouille après dépouille sur la surface du lac." "Je vous annonce la bonne nouvelle de la civilisation" a dit l'Etranger. "Que vivent les Evangiles. Passez donc que la divinité demeure exclusivement

يقولُ الغَريبُ كَلاماً غَريباً، وَيَحْفِرُ في الأرْضِ بِئْراً
لِيَدْفِنَ فيها السَّماءَ. يَقولُ الغَريبُ كَلاماً غَريباً
وَيَصطادُ أَطْفالَنا والفَراشَ. بِماذا وَعَدْتَ حَديقَتَنا يا غَريب ؟
بوَرْدٍ مِنَ الزِّنْكِ أَجْمَلَ مِنْ وَرْدِنا ؟ فَلْيَكُنْ ما تشاء
ولَكِنْ، أَتَعْلَمُ أَنَّ الغَزالَةَ لا تأكُلُ العُشْبَ إِنْ مَسَّهُ دَمُنا ؟
أَتَعْلَمُ أَنَّ الجَواميسَ إِخْوَتُنا والنَّباتاتِ إِخْوَتُنا يا غَريبُ ؟
فلا تَحْفِرِ الأرْضَ أَكْثَرَ ! لا تَجْرَحِ السُّلْحَفاةَ التي
تَتامُ على ظَهْرِها الأرْضُ، جَدَّتُنا الأرْضُ، أَشجارُنا شَعْرُها
وزينتُنا زَهْرُها. " هذه الأرْضُ لا مَوْتَ فيها "، فَلا
تُغَيِّرْ هَشاشةَ تَكْوينِها ! لا تُكَسِّرْ مَرايا بَساتينِها
وَلا تُثْقِلِ الأرْضَ، لا تُوجِعِ الأرْضَ. أَنْهارُنا خَصْرُها
وأحفادُها نَحْنُ، أَنتُمْ ونحنُ، فلا تَقْتُلوها...
سَنَذْهَبُ، عَمَّا قليلٍ، خُذُوا دَمَنا واتركوها
كما هيَ،
أَجْمَلَ ما كَتَبَ اللَّهُ فوقَ المياه،
لهُ.. ولنا
سَنَسْمَعُ أصواتَ أسلافِنا في الرِّياحِ، ونُصْغي
إلى نَبْضِهِمْ في بَراعِمِ أشجارِنا. هذه الأرْضُ جَدَّتُنا
مُقدَّسةٌ كُلُّها، حَجَراً حَجَراً، هذه الأرْضُ كُوخٌ

mienne, Indiens morts valent mieux que vivants pour notre maître dans les cieux et Dieu est blanc et blanc est ce jour." "Vous avez un monde, et nous, un autre." Et l'Etranger prononce d'étranges paroles, et creuse dans la terre un puits pour y enfouir le ciel. Et l'Etranger prononce d'étranges paroles et chasse nos enfants et les papillons. Qu'as-tu promis à notre jardin, l'Etranger ? Roses de zinc plus belles que les nôtres ? Que ta volonté soit faite. Mais sais-tu que la gazelle ne se nourrit point de l'herbe si notre sang l'effleure ? Sais-tu que les bisons sont nos frères, et la flore, l'Etranger ? Arrête de creuser ! Ne blesse point la tortue, notre mère la terre sommeille sur son dos, et nos arbres sont sa chevelure, et ses fleurs, nos atours. "Point de mort en cette terre." N'altère pas la fragilité de sa constitution ! Ne brise pas les miroirs de ses vergers, ne la laisse pas prendre le mors aux dents, et ne l'endoloris pas. Nos fleuves sont sa hanche et nous sommes tous, vous et nous, ses enfants. Ne la mettez pas à mort. Sous peu nous partirons. Prenez notre sang et laissez-la, telle qu'elle est, la plus belle des choses par Dieu écrites sur les eaux. Pour Lui et pour nous. Les voix de nos ancêtres nous

لآلهةٍ سكَنَتْ مَعَنا، نَجْمَةً نجمةً، وأضاءَت لَنا
لَيالي الصَّلاة... مَشَيْنا حُفاةً لنَلْمُسَ رُوحَ الْحَصى
وسِرْنا عُراةً لتُلْبِسَنا الرُّوحُ، روحُ الهواء، نساء
يُعِدْنَ إلينا هِبَاتِ الطَّبيعة ــ تاريخُنا كانَ تاريخَها. كانَ للوقْت
وقْتٌ لنولَدَ فيها وَنَرْجعَ منهَا إلَيْها : نُعيدُ إلى الأرضِ أرْواحَها
رُوَيْداً رُويداً. ونَحْفَظَ ذكْرى أُحبّتِنا في الجِرار
مَعَ المِلْحِ والزَّيْت، كُنَّا نُعلِّقُ أسْمَاءهمْ بطُيُورِ الجداول
وكُنَّا الأوائلَ، لا سقْفَ بَيْنَ السَّماء وزُرْقَة أبْوابِنا
ولا خَيْلَ تأْكُلُ أعشَابَ غزْلانِنا في الحُقول، ولا غُرَباء
يَمرُّونَ في لَيْلِ زوْجاتِنا، فاترُكوا النَّايَ للريّحِ تبْكي
على شَعْبِ هذا المَكانِ الجريحِ... وتَبْكي عليكم غدا،
وتبكي عليكم... غَدا !

parviendront dans les vents et nous écouterons le battement de leur pouls dans les bourgeons de nos arbres. Cette terre est notre mère, sainte, pierre par pierre, et cette terre est une cabane pour des dieux qui vécurent avec nous, étoile par étoile, et qui pour nous éclairèrent les nuits de la prière. Nous avons marché pieds nus pour toucher l'âme des gravats, et nus, avons marché afin que l'âme des vents nous habille de femmes qui nous renvoient les dons de la nature. Notre Histoire était la sienne. Et le temps était un temps pour notre naissance en elle, pour revenir d'elle vers elle, ramenant à la terre ses âmes, petit à petit. Et nous gardions les souvenirs de nos aimés dans les jarres avec l'huile et le sel, et nous suspendions leurs noms aux oiseaux des ruisseaux. Et nous étions les premiers. Nul plafond entre le ciel et la bleuité de nos portes. Nul cheval se nourrissant de l'herbe de nos gazelles dans les prairies. Nul étranger traversant les nuits de nos femmes. Laissez la flûte au vent, qu'il pleure le peuple de ce lieu blessé, et qui demain vous pleurera, et demain vous pleurera.

V

ونحنُ نُودِّعُ نيرانَنَا، لا نَرُدُّ التَّحيَّةَ... لا تَكتُبوا
علينا وَصايا الإلهِ الجديد، إلهِ الحديد، ولا تطلُبوا
مُعاهَدةً للسَّلامِ من الميِّتينَ، فلم يَبْقَ منهُمْ أحَدٌ
يُبَشِّرُكمْ بالسَّلامِ مَعَ النَّفسِ والآخَرين، وكُنَّا هُنا
نُعَمِّرُ أكْثَر، لَوْلا بَنادقُ أنجلترا والنَّبيذُ الفرَنْسيُّ والانفلونزا،
وكُنَّا نعيشُ كما يَنْبَغي أنْ نعيشَ برُقَّة شَعْب الغَزال
ونَحْفَظُ تاريخَنا الشَّفَهيَّ، وكُنَّا نُبَشِّرُكمْ بالبَراءة والأُقْحُوان
لَكُمْ رَبُّكُمْ ولنا ربُّنا، ولَكُمْ أَمْسكُمْ ولنا أَمْسُنا، والزَّمان
هُوَ النَّهْرُ حينَ نُحدِّقُ في النَّهرِ يَغْرورِقُ الوقْتُ فينا...
ألا تَحفظونَ قليلاً من الشِّعْرِ كي تُوقِفوا المَذْبَحَةَ؟
ألَمْ تولدوا من نساء؟ ألَمْ تَرْضَعوا مثْلَنا حليبَ الحَنين
إلى أُمَّهَات؟ ألَمْ تَرْتَدوا مثْلَنا أجْنِحةْ
لتَلْتَحِقوا بالسُّنونو. وكُنَّا نُبَشِّرُكمْ بالرَّبيع، فلا تَشْهَروا الأسْلِحةْ!
وفي وُسْعِنا أنْ نَتَبادَلَ بَعْضَ الهَدايا وبَعْضَ الغناء
هنا كانَ شَعْبي. هنا ماتَ شَعْبي. هنا شَجَرُ الكستَاء
يُخَبِّىءُ أرْواحَ شَعْبي. سَيَرْجِعُ شَعْبي هَواءً وضَوْءاً وَماء،
خُذُوا أرضَ أُمّي بالسَّيْف، لكنَّني لَنْ أُوقِّعَ باسْمي
مُعاهَدةَ الصُّلْحِ بَيْنَ القَتيلِ وقاتِلِه، لَنْ أُوقِّعَ باسْمي

V

Disant adieu à nos feux, nous ne renvoyons pas le salut. Ne nous dictez pas les commandements du dieu nouveau, dieu du fer, et n'exigez pas des morts un pacte de paix. Il n'en demeure pas un seul pour vous annoncer la paix avec soi et avec autrui. Là nous aurions encore bâti, n'étaient les fusils anglais, le vin de France et les fièvres. Nous vivions comme il sied de vivre, compagnons du peuple de la gazelle. Nous retenions notre histoire orale et nous vous portions la bonne parole de l'innocence et de la camomille. Et vous avez votre dieu, et nous, le nôtre, votre passé, et nous, le nôtre, et le temps est le fleuve, et si nous scrutons le fleuve, le temps s'embue en nous. Gardez-vous en mémoire un peu de poésie pour arrêter le massacre ? N'êtes-vous pas nés de femmes ? N'avez-vous pas, tout comme nous, tété le lait de la nostalgie ? Comme nous, revêtu des ailes pour rallier l'hirondelle ? Et nous vous annoncions le printemps. Ne dégainez pas vos armes. Nous pourrions encore échanger quelques présents et quelque chant. Là était mon peuple. Là est mort mon peuple. Là sont les châtaigniers qui dissimulent les âmes de mon

على بَيْعِ شبْرٍ منَ الشَّوْكِ حَوْلَ حُقول الذُّرة
وأعْرفُ أنِّي أُودِّعُ آخرَ شمْسٍ، وأَلْتفُّ باسمي
وأسْقُطُ في النَّهْرِ، أَعْرِفُ أنِّي أعودُ إلى قَلْب أُمِّي
لتَدْخُلَ، يا سيِّدَ البيضِ، عَصرَكَ... فارْفَعْ على جُثَّتي
تَماثيلَ حُرِّيةٍ لا تَرُدُّ التَّحيَّةِ, واحفِرْ صَليبَ الحَديد
على ظلِّيَ الحَجَريِّ، سأصْعدُ عَمَّا قليلٍ أعالي النَّشيد،
نَشيد انْتحارِ الجَماعات حينَ تُشيِّعُ تاريخَها للْبَعيد،
وأُطلِقُ فيها عَصافيرَ أصواتِنا : ههُنا انْتَصرَ الغُرَباء
على المِلْح، واخْتلَطَ البَحْرُ في الغَيْم، وانتَصرَ الغُرَباء
على قِشْرةِ القَمْح فينا، ومَدُّوا الأنابيبَ للبَرْقِ والكَهْرباء
هنا انْتَحَرَ الصَّقْرُ غمًّا، هُنا انْتَصَرَ الغُرَباء
عَليْنا. ولَمْ يَبْقَ شيءٌ لنا في الزَّمانِ الجَديد
هُنا تَتَبَخَّرُ أجْسادُنا، غيْمةً غيْمةً، في الفضاء
هُنا تَتَلألأُ أرْواحُنا، نَجْمةً نَجْمةً، في فضاءِ النَّشيد

peuple. Et il reviendra, air, lumière et eau. Prenez la terre de ma mère par le glaive, mais je ne signerai pas le pacte entre la victime et son meurtrier. Je ne signerai pas la cession d'une main de terre, serait-elle couverte de ronces autour des champs de maïs. Et je sais que je fais mes adieux au dernier soleil et que je m'enroule dans mon nom et sombre dans le fleuve. Et je sais que je m'en retourne au cœur de ma mère, pour que tu puisses, ô maître des Blancs, entrer dans ton siècle. Alors, érige sur ma dépouille les statues d'une liberté qui ne renvoient pas le salut, et grave la croix de fer dans mon ombre de pierre. Je gravirai sous peu les hauteurs du chant, l'hymne du suicide des communautés lorsqu'elles accompagnent leur Histoire au lointain. J'y lâcherai les oiseaux de nos voix. Ici les Etrangers remportèrent la victoire sur le sel. Ici la mer se mélangea aux nuages. Ici les Etrangers vainquirent en nous l'enveloppe du blé et dressèrent les lignes du télégraphe et du courant électrique. Ici de détresse se suicida le faucon. Ici les Etrangers nous vainquirent, et il ne nous reste rien dans le temps nouveau. Ici s'évaporèrent nos corps, nuage après nuage dans la voûte céleste. Ici

VI

سيَمْضِي زَمانٌ طَويلٌ لِيُصبح حاضرُنا ماضياً مثْلَنا

سنَمْضِي إلى حَتْفِنا، أوّلاً، سنَدافعُ عن شجَرٍ نرَتَديه

وعَنْ جَرَسِ اللّيْلِ، عَنْ قَمَرٍ، فوْقَ أكْواخنا نَشْتهِيه

وعَنْ طَيْشِ غزْلانِنا سنَدافعُ، عن طِينٍ فخَّارِنا سنَدافعُ

وعَنْ ريشِنا في جَناحِ الأغاني الأخيرة. عمّا قَليلٍ

تُقيمونَ عَالَمَكمْ فوْقَ عَالَمِنا : مِنْ مَقابِرِنا تَفْتحونَ الطّريقَ

إلى القَمَرِ الاصطِناعيِّ. هذا زَمانُ الصّناعات. هذا

زَمانُ المَعادِنِ، مِنْ قِطْعَةِ الفحْمِ تَبْزُغُ شمْبانيا الأقوياءُ...

هُنالكَ مَوْتى ومُسْتوطَناتٌ، ومَوْتى وبولدوزرات، ومَوْتى

ومُسْتَشْفياتٌ، ومَوْتى وشاشاتُ رادارٍ تَرْصُدُ مَوْتى

يَموتونَ أكْثَرَ مِنْ مرّةٍ في الحَيَاةِ، وتَرْصُدُ مَوْتى

يَعيشونَ بَعْدَ المَماتِ، ومَوْتى يُربُّونَ وَحْشَ الحَضاراتِ مَوْتا:

ومَوْتى يَموتونَ كَيْ يَحْمِلوا الأرْضَ فوْقَ الرُّفاتِ...

إلى أيْنَ، يا سيّدَ البِيضِ، تأخُذُ شَعْبي،...وشَعْبَكَ ؟

إلى أيِّ هَاويةٍ يَأخُذُ هذا الأرْضَ الرُّوبوت المُدَجَّج بالطّائرات

86

scintillent nos âmes, étoile après étoile, dans l'espace du chant.

VI

Un temps long passera avant que, pareil à nous-mêmes, notre présent devienne un passé. Nous irons tout d'abord à notre mort, et nous défendrons des arbres qui nous habillent et la cloche de la nuit, nous défendrons une lune que nous désirons au-dessus de nos cabanes. Et l'étourderie de nos gazelles défendrons, la glaise de nos poteries et notre plumage dans l'aile des chansons dernières. Sous peu vous édifierez votre monde sur le nôtre. De nos tombes vous tracerez les chemins vers les satellites. Voici venu le temps des industries. Le temps des métaux. Du charbon jaillit le champagne des puissants. Et il y a morts et colonies, morts et bulldozers, morts et hôpitaux, morts et radars surveillant des morts qui plus d'une fois s'éteignent dans une vie, des morts qui survivent après trépas, des morts qui enseignent la mort au monstre des civilisations, et des morts qui trépassent pour transporter la terre au-dessus des

وَحَامِلَةَ الطَّائِراتِ، إلى أيِّ هاويةٍ رَحْبَةٍ تَصْعَدُونَ ؟

لَكُمْ ما تَشاؤُونَ : رُوما الجديدةُ، إسْبَارْطَةُ التكنولوجيا

و

أيديولوجيا الجنون،

ونَحْنُ، سَنَهْرُبُ مِنْ زَمَنٍ لَمْ نُهَيِّىءْ لَهُ، بَعْدُ، هاجِسَنا

سَنَمْضي إلى وَطَنِ الطَّيْرِ سِرْباً مِنَ البَشَرِ السَّابِقين

نُطِلُّ على أرْضِنا مِنْ حَصى أرْضِنا، مِنْ ثُقوبِ الغُيومِ

نُطِلُّ على أرْضِنا، مِنْ كَلامِ النُّجومِ نُطِلُّ على أرْضِنا

مِنْ هَواءِ البُحَيْراتِ، مِنْ زَغَبِ الذُّرَةِ الهَشِّ، مِنْ

زَهْرَةِ القَبْرِ، مِنْ وَرَقِ الحَوْرِ، مِنْ كُلِّ شيء

يُحاصِركُم، أيُّها البيضُ، مَوْتى يَموتونَ، مَوْتى

يَعيشونَ، مَوْتى يَعودونَ، مَوْتى يَبوحونَ بالسِّرِّ،

فَلْتُمْهِلوا الأرْضَ حتى تَقولَ الحَقيقةَ، كلَّ الحَقيقة،

عَنْكم

وعنّا...

وعنَّا

وعنكم !

restes des défunts. O maître des Blancs, où emportes-tu mon peuple et le tien ? Vers quel gouffre ce robot hérissé d'avions et de porte-avions entraîne-t-il la terre ? Vers quel gouffre béant montez-vous ? Et tout ce que vous désirez, vous échoit. La nouvelle Rome, la Sparte de la technologie et l'idéologie de la folie. Et nous, nous fuirons un temps pour lequel nous n'avons pas encore apprêté notre obsession. Nous nous en irons vers la patrie de l'oiseau, volée d'humains avant-coureurs. Des gravats de notre terre, nous verrons notre terre ; des trouées dans les nuages, nous verrons notre terre ; de la parole des étoiles, nous verrons notre terre ; et de l'air des lacs, du duvet du maïs fragile, de la fleur des tombes, des feuilles de peuplier, de tout ce qui vous encercle, ô Blancs, morts qui trépassent, morts vivants, morts qui ressuscitent, morts qui divulguent le secret. Laissez donc un sursis à la terre. Qu'elle dise la vérité, toute la vérité. Quant à vous, quant à nous. Quant à nous, quant à vous.

VII

هُنالكَ مَوْتى يَنامونَ في غُرَفٍ سَوْفَ تَبْنونها

هُنالكَ مَوْتى يَزورونَ ماضيَهُمْ في المَكانِ الّذي تَهْدمون

هُنالكَ مَوْتى يَمُرُّونَ فَوْقَ الجُسورِ الَّتي سَوْفَ تَبْنونَها

هُنالكَ مَوْتى يُضيئونَ لَيْلَ الفَراشات، مَوْتى

يَجيئونَ فَجْراً لكي يَشْرَبوا شايَهُمْ مَعَكم، هادئين

كما تَرَكْتُهُمْ بَنادقُكُمْ، فاتركُوا يا ضُيوفَ المَكان

مَقَاعدَ خاليةً للْمُضيفينَ.. كيْ يَقْرَؤوا

عليكُمْ شُروطَ السَّلامِ مَعَ... الميّتين !

VII

Il y a des morts qui sommeillent dans des chambres que vous bâtirez. Des morts qui visitent leur passé dans les lieux que vous démolissez. Des morts qui passent sur les ponts que vous construirez. Et il y a des morts qui éclairent la nuit des papillons, qui arrivent à l'aube pour prendre le thé avec vous, calmes tels que vos fusils les abandonnèrent. Laissez donc, ô invités du lieu, quelques sièges libres pour les hôtes, qu'ils vous donnent lecture des conditions de la paix avec les défunts.

1992

لماذا تركتَ الحصانَ وحيداً

Riad El-Rayyes Books Ltd., Beyrouth, 1995.
Actes Sud, 1996.

POURQUOI AS-TU LAISSÉ LE CHEVAL A SA SOLITUDE ?

قُرويُّون، مِنْ غَيْر سُوء...

لم أكُنْ بَعْدُ أعرف عادات أُمّي، ولا أهلَها
عندما جاءت الشاحناتُ من البحر. لكنّني
كُنْتُ أعرفُ رائحةَ التبغ حول عباءة جدِّي
ورائحةَ القهوة الأبديّةَ، منذ وُلِدتُ
كما يُولَدُ الحَيَوانُ الأليفُ هُنا
دفعةً واحدةْ !

نحن أيضاً لنا صَرْخَةٌ في الهبوط إلى حافَّة
الأرضِ. لكنّنا لا نُخَزِّنُ أصواتَنا

94

VILLAGEOIS SANS MALICE

Je ne connaissais encore ni les habitudes de ma mère,
ni ses parents
Quand les camions sont venus de la mer
Mais je connaissais l'odeur du tabac autour de la
cape de mon grand-père
Et le parfum éternel du café, dès ma naissance
D'une seule poussée
Ainsi que naît ici, l'animal familier

Nous aussi, nous crions quand nous nous posons sur
le bord de la terre
Mais nous ne faisons pas provision de nos voix dans
les jarres anciennes

في الجِرار العَتيقة. لا نشنُقُ الوَعِلَ
فوق الجِدار، ولا نَدَّعي مَلَكُوتَ الغبارِ،
وأحلامُنا لا تُطِلُّ على عِنَبِ الآخرين،
ولا تكسِرُ القاعدةْ !

لم يكن بعدُ لاسميَ ريشٌ فأقفِزَ أبعَدَ
بعد الظهيرة. كانت حرارةُ إبريلَ مثلَ
رباباتِ زوّارِنا العابرين تُطيّرنا كالحمامات.
لي جَرَسٌ أوّلٌ : جاذبيّةُ أُنثى تراوغني
لأشمَّ الحليبَ على ركبتيها، فأهربُ
من لَسعة المائدةْ !

نحن أَيْضاً لنا سِرُّنا عندما تقع الشمسُ
عن شجر الحَوْرِ : تخطفُنا رغبةٌ في البكاء
على أَحدٍ مات، من أَجل لا شيء ماتَ،

96

Nous ne suspendons pas le mouflon aux murs
Nous ne prétendons pas au royaume de la poussière
Et nos rêves ne donnent pas sur les vignes d'autrui
Ni ne brisent la règle

Mon nom n'avait pas encore son plumage pour que
je saute plus loin l'après-midi
La chaleur d'avril, pareille aux rababas de nos visiteurs
de passage, nous faisait voler telles des colombes
J'ai ma première cloche
L'attrait d'une femme me lancine
Pour humer le lait sur ses genoux, et je fuis
La brûlure du mets

Nous avons, nous aussi, un secret à l'heure où le
soleil tombe des peupliers
Un désir de pleurer un mort inutile nous enlève. Il
est mort
Une envie de voir Babylone ou une mosquée à Damas
nous prend

وتجرُفنا صَبْوةٌ لزيارةِ بابلَ أو جامعٍ
في دمشقَ، وتذرفُنا دمعةٌ من هديلِ
اليماماتِ في سيرةِ الوجعِ الخالدةْ !

قرويُّون، من غيرِ سوءٍ ولا نَدَمٍ
في الكلامِ. وأسماؤنا مثلَ أيّامنا تتشابَهُ،
أسماؤنا لا تدُلُّ علينا تماماً. ونَنْدَسُّ
بين حديثِ الضيوفِ. لَنَا ما نَقُولُ عَنِ
الأرضِ للأجنبيّةِ حين تُطرّزُ منديلَها ريشةً
ريشةً من فضاءِ عصافيرنا العائدةْ !

لم تكن للمكانِ مساميرُ أقوى من الزنزلختْ
عندما جاءت الشاحناتُ من البحرِ . كنّا
نُهيّيءُ وجبةَ أبقارنا في حظائرها، ونرتِّبُ
أيّامَنا في خزائنَ من شُغْلِنا اليدويِّ

Et une larme tombée du roucoulement des colombes
dans la litanie de la douleur
Nous pleure

Villageois sans malice, ni contrition dans la parole
Nos noms, comme nos jours, se ressemblent
Et nos noms ne nous désignent pas vraiment
Et nous nous infiltrons dans la conversation des
hôtes
Nous avons des choses à dire de la terre, à l'étran-
gère
Quand elle brode son châle
Plume après plume
Prises au ciel de nos oiseaux qui reviennent

Le lieu n'avait d'autres attaches que les lilas de Chine
Lorsque les camions sont venus de la mer
Nous préparions la provende de nos vaches
Nous rangions nos jours dans des armoires fabri-
quées de nos mains
Nous recherchions l'affection du cheval

ونخطُب وُدَّ الحصان، ونُوميءُ
للنجمةِ الشاردةْ.

نحن أيضاً صعدنا إلى الشاحنات. يُسَامِرُنا
لَمَعانُ الزُمُرُّدِ في لَيْلِ زَيْتُوننا، ونُباحُ
كلابٍ على قَمَرٍ عابرٍ فوق بُرْج الكنيسةِ،
لكنّنا لم نكن خائفين. لأنَّ طفولتنا لم
تجيءْ معنا. واكتفينا بأغنيّةٍ : سوف نرجعُ
عمّا قليلٍ إلى بيتنا... عندما تُفْرِغُ الشاحناتُ
حُمُولَتَها الزائدةْ !

Et nous faisions signe
A l'étoile errante

Nous aussi, nous sommes montés dans les camions
L'éclat de l'émeraude dans la nuit de nos oliviers
Et les aboiements des chiens à une lune de passage
sur le clocher de l'église
Etaient nos compagnons de veille
Mais nous n'avions pas peur. Car notre enfance
Ne nous accompagnait pas. Et nous nous sommes
contentés d'une chanson
Nous reviendrons sous peu dans notre maison
Lorsque les camions auront déversé
L'excédent de leur cargaison

أَبَدُ الصُّبَّار

إلى أَين تأخُذُني يا أَبي ؟
إلى جِهَةِ الريحِ يا وَلَدي...

...وَهُما يَخْرُجانِ مِنَ السَهْلِ، حَيْثُ
أقام جنودُ بونابرتَ تلاًّ لرَصْدِ
الظلالِ على سور عَكَّا القديم ــ
يقولُ أَبٌّ لابنه : لا تَخَفْ. لا
تَخَفْ من أزيزِ الرصاصِ ! إلتصقْ
بالتراب لتنجو ! سننجو ونعلو على
جَبَلٍ في الشمال، ونرجعُ حين
يعودُ الجنودُ إلى أهلهم في البعيد

L'ÉTERNITÉ DU FIGUIER DE BARBARIE

— Où me mènes-tu, père ?
— En direction du vent, mon enfant

A la sortie de la plaine où les soldats de Bonaparte
édifièrent une butte
Pour épier les ombres sur les vieux remparts de
Saint-Jean-d'Acre
Un père dit à son fils : N'aie pas peur
N'aie pas peur du sifflement des balles
Adhère à la tourbe et tu seras sauf. Nous survivrons
Gravirons une montagne au nord, et rentrerons
Lorsque les soldats reviendront à leurs parents au
lointain

ــ ومن يسكُنُ البَيْتَ من بعدنا
يا أبي ؟
ــ سيبقى على حاله مثلما كان
يا ولدي !

تَحَسَّسَ مفتاحَهُ مثلما يتحسَّسُ
أعضاءه، واطمأنَّ. وقال لَهُ
وهما يعبران سياجاً من الشوك :
يا ابني تذكَّرْ ! هنا صلَبَ الانجليزُ
أباك على شَوْك صُبَّارة ليلتين،
ولم يعترف أبداً. سوف تكبر يا
ابني، وتروي لمن يَرِثُون بنادقَهُمْ
سيرةَ الدم فوق الحديد...

ــ لماذا تركتَ الحصان وحيداً ؟
ــ لكي يُؤْنِسَ البيتَ، يا ولدي،
فالبيوتُ تموتُ إذا غاب سُكَّانُها...

104

— Qui habitera notre maison après nous, père ?

— Elle restera telle que nous l'avons laissée mon enfant

Il palpa sa clé comme s'il palpait ses membres et s'apaisa

Franchissant une barrière de ronces, il dit

Souviens-toi mon fils. Ici, les Anglais crucifièrent ton père deux nuits durant sur les épines d'un figuier de Barbarie

Mais jamais ton père n'avoua. Tu grandiras

Et raconteras à ceux qui hériteront des fusils

Le dit du sang versé sur le fer

— Pourquoi as-tu laissé le cheval à sa solitude ?

— Que la maison reste animée, mon enfant. Car les maisons meurent quand partent leurs habitants

تفتحُ الأبديَّةُ أبوابها، من بعيد،
لسيّارة الليل. تعوي ذئابُ
البراري على قَمَرٍ خائفٍ. ويقولُ
أبٌ لابنه : كُنْ قوياً كجدّك !
واصعَدْ معي تلّة السنديان الأخيرةَ
يا ابني، تذكَّرْ : هنا وقع الانكشاريُّ
عن بَغلَةِ الحرب، فاصمُدْ معي
لنعودْ

ــ متى يا أبي ؟
ــ غداً. ربّما بعد يومين يا ابني !

وكان غدٌ طائشٌ يمضغ الريحَ
خلفهما في ليالي الشتاء الطويلةْ.
وكان جنودُ يُهُوُشعَ بن نون يبنون
قَلْعَتَهُمْ من حجارة بيتهما. وهما
يلهثان على درب " قانا " : هنا
مرَّ سيِّدُنا ذاتَ يومٍ. هنا
جَعَلَ الماءَ خمراً. وقال كلاماً
كثيراً عن الحبّ، يا ابني تذكّرْ

106

L'éternité ouvre ses portes de loin aux passants de la
nuit
Les loups des landes aboient à une lune apeurée
Et un père dit à son fils
Sois fort comme ton grand-père
Grimpe à mes côtés la dernière colline des chênes
Et souviens-toi. Ici le janissaire est tombé de sa mule
de guerre
Tiens bon avec moi et nous reviendrons chez nous

— Quand donc, mon père ?
— Dans un jour ou deux, mon fils

Derrière eux, un lendemain étourdi mâchait le vent
dans les longues nuits hivernales
Et les hommes de Josué bin Noun édifiaient leur
citadelle
Des pierres de leur maison
Haletants sur la route de Cana, il dit : Ici
Passa un jour Notre Seigneur. Ici
Il changea l'eau en vin puis parla longuement de
l'amour

غداً. وتذكّرْ قلاعاً صليبيّةً
قَضَمَتْها حشائش نيسان بعد
رحيل الجنود...

Souviens-toi demain, mon fils

Souviens-toi des châteaux croisés

Anéantis par l'herbe d'avril, après le départ des soldats

تعاليم حُوريّة

فكَّرْتُ يَوْماً بالرحيل، فحطَّ حَسُّونٌ على
يدها ونام. وكان يكفي أَنْ أُداعبَ غُصْنَ
داليَة على عَجَلٍ... لتُدْركَ أنَّ كأسَ نبيذيَ
امتلأتْ. ويكفي أنْ أنامَ مُبكِّراً لتَرَى
منامِيَ واضحاً، فتطيلُ لَيْلَتَها لتحرسَهُ...
ويكفي أن تجيء رسالةٌ منّي لتعرف أنَّ
عنواني تغيَّر، فوقَ قارعَةِ السجون، وأنَّ
أيَّامي تُحوِّمُ حَوْلَها... وحِيالها

أُمِّي تَعُدُّ أصابعي العشرينَ عَنْ بُعْدٍ.
تُمَشِّطُني بخُصْلَةِ شعرها الذَهَبيِّ. تبحثُ
في ثيابي الداخليّة عن نساء أجْنَبِيَّاتٍ،

LES LEÇONS DE HOURIYYA

J'ai songé un jour au départ. Un chardonneret se posa
dans sa main et s'endormit
Il suffisait que je cajole le pampre d'une vigne à la hâte
Et elle savait que ma coupe était pleine
Que je me couche tôt
Et elle voyait mon rêve, et prolongeait sa nuit pour
le veiller
Qu'une de mes lettres arrive
Et elle savait que mon adresse avait changé à la croi-
sée des prisons
Et que mes jours tournaient à l'entour d'elle et devant

Ma mère compte mes vingt doigts de loin
Elle me coiffe d'une mèche de ses cheveux dorés
Elle cherche dans mes vêtements intérieurs, les fem-
mes étrangères

وتَرْفُو جَوْرَبي المقطوعَ. لم أكبرْ على يَدهَا
كما شئنا : أنا وَهِيَ، إفترقنا عند مُنْحَدَرِ
الرُخامِ... ولوّحت سُحُبّ لنا، ولماعز
يَرِثُ المَكَانَ. وأَنْشَأَ المنفى لنا لُغتين :
دارجةً... ليفهَمَها الحمامُ ويحفظَ الذكرى
وفُصْحى... كيْ أفسّرَ للظلال ظلالَها !

ما زلتُ حيّاً في خِضَمِّك. لمْ تَقُولي ما
تقولُ الأُمُّ للوَلَد المريضِ. مَرِضْتُ من قَمَرِ
النحاس على خيام البَدْوِ. هل تَتذكّرين
طريق هجرتنا إلى لبنانَ، حيث نسيتني
ونسيتِ كيسَ الخُبْزِ [كان الخبزُ قمحيّاً].
ولمْ أصرُخْ لئلّا أُوقظَ الحُرّاسَ. حَطَّتْني
عَلَى كَتِفيْك رائحةُ الندى. يا ظَبْيَةً فَقَدَتْ
هُنَاكَ كِنَاسَها وغزالها...

Et reprise ma chaussette trouée
Elle ne m'a pas élevé de ses mains comme nous le
souhaitions
Elle et moi
Nous nous sommes séparés sur la pente du marbre
Des nuages nous ont alors fait signe, et fait signe
A des chèvres qui hériteraient le lieu
Et l'exil nous institua deux langues
Dialectale, pour que les pigeons l'entendent et gar-
dent le souvenir
Et littérale pour que j'explique aux ombres leur
ombre

Je demeure vivant dans ton immensité
Tu ne m'as pas parlé comme une mère à son enfant
malade
J'ai souffert de la lune de bronze sur les tentes bé-
douines
Te souviens-tu du chemin de notre exil vers le Liban
lorsque tu m'oublias, et
Oublias le sac de pain ?
Et le pain était de blé
Je ne criai pas de peur de réveiller les gardes

لا وقْتَ حَوْلَك للكلام العاطفيِّ.

عَجَنْت بالحَبَق الظهيرة كُلَّها. وخَبَزْت للسُمَّاق
عُرْفَ الديك. أعْرِفُ ما يُخَرِّبُ قلبَك المَثْقُوبَ
بالطاووس، مُنْذُ طُردتِ ثانيةً من الفردوس.
عالَمُنا تَغَيَّرَ كُلُّهُ، فتغيَّرَتْ أصواتُنا. حتّى
التحيّةُ بيننا وَقَعَتْ كزرِّ الثَّوْب فوق الرمل،
لمْ تُسْمِعْ صدىً. قولي : صباح الخير !
قولي أيَّ شيءٍ لي لتمْنَحَني الحياةُ دَلالَها.

هي أختُ هاجَرَ. أختُها من أمِّها. تبكي
مع النايات مَوْتى لم يموتوا. لا مقابر حول
خيمتها لتعرف كيف تَتْفتَحُ السماءُ، ولا
ترى الصحراءَ خلف أصابعي لترى حديقتَها
على وَجْهِ السراب، فيركُضُ الزَمَنُ القديمُ

Le parfum de la rosée me posa sur tes épaules

Gazelle

Qui, là-bas, perdit son gîte et son mâle

Pas le temps chez toi pour les paroles sentimentales

Tu as pétri de basilic tout le midi

Et pour le sumac, tu as cuit la crête du coq

Je sais ce qui détériore ton cœur percé du paon

Depuis qu'on t'a chassée une deuxième fois de l'éden

Notre univers entier a changé, et nos voix se modi-
fièrent

Jusqu'au salut entre nous échangé, tombé sans bruit

Comme le bouton d'une robe sur le sable

Souhaite-moi le bonjour

Dis-moi n'importe quoi, que la vie me traite tendre-
ment

Elle est la sœur de Hagar. Sa sœur par sa mère

Elle pleure avec les flûtes

Des défunts qui ne sont pas morts

Nulle sépulture autour de sa tente qu'elle sache

Comment s'entrouvre le ciel, et

Elle ne voit pas le désert derrière mes doigts

بها إلى عَبَثٍ ضروريٍّ : أبوها طار مثلَ الشَرْكَسِيِّ على حصان العُرْس. أمَّا أُمُها فلقد أعدَّتْ، دون أن تبكي، لِزَوْجَة زَوْجِها حِنَّاءَها، وتفحَّصَتْ خلخالها...

لا نلتقي إلاَّ وداعاً عند مُفْتَرَق الحديث. تقول لي مثلاً : تزوَّجْ أيَّةَ امرأة منَ الغُرَباء، أجمل من بنات الحيِّ. لكنْ، لا تُصَدِّقْ أيَّةَ امرأة سوايَ. ولا تُصَدِّقْ ذكرياتِكَ دائماً. لا تَحْتَرِقْ لتضيء أُمَّكَ، تلك مِهْنَتُها الجميلةُ. لا تحنَّ إلى مواعيد الندى. كُنْ واقعيّاً كالسماء. ولا تحنَّ إلى عباءة جدِّكَ السوداء، أو رَشَوَات جدَّتكَ الكثيرة، وانطلقْ كالمُهْر في الدنيا. وكُنْ مَنْ أنتَ حيث تكون. واحملْ عبءَ قلبِكَ وَحْدَهُ... وارجع إذا اتَّسَعَتْ بلادُكَ للبلاد وغيَّرَتْ أحوالَها...

Pour distinguer son jardin sur la face des mirages
Et le temps ancien la porte en courant
A un néant nécessaire. Son père s'est envolé
Comme le Tcherkesse sur le cheval de la noce
Et sa mère a préparé, sans pleurer, le henné pour
l'autre femme de son époux
Et s'est assurée que le bracelet était à sa cheville

Nos rencontres ne sont qu'adieux à la croisée des
conversations
Elle me dit par exemple
Prends pour femme n'importe quelle étrangère plus
belle
Que les filles de notre quartier
Mais ne crois nulle autre femme que moi
Et ne crois pas toujours tes souvenirs
Ne te consume pas pour éclairer ta mère. Tel est son
devoir consenti
N'attends plus les rendez-vous avec la rosée
Sois réaliste comme le ciel. Et laisse
La nostalgie de la cape noire de ton grand-père
La nostalgie de ta grand-mère qui ne cessait de te
soudoyer

أُمِّي تضيء نُجومَ كَنْعَانَ الأخيرةَ،

حول مرآتي،

وترْمي، في قصيدتيَ الأخيرةِ، شَالَها !

Elance-toi dans le monde comme le poulain
Sois toi-même où que tu sois. Porte
Le seul poids de ton cœur, et reviens
Si ton pays s'élargit à tous les pays, et
Change son état

Ma mère illumine les dernières étoiles de Canaan
autour de mon miroir
Et jette son châle dans mon dernier poème

قافية من أجل المعلّقات

ما دلَّني أَحَدٌ عَلَيَّ. أنا الدليلُ، أنا الدليلُ
إليَّ بين البحر والصحراءِ. من لُغَتي وُلدتُ
على طريق الهند بين قبيلتين صغيرتين عليهما
قَمَرُ الديانات القديمةِ، والسلامُ المستحيلُ
وعليهما أن تحفظا فَلَكَ الجوار الفارسيِّ
وهاجسَ الروم الكبيرَ، ليهبط الزمن الثقيلُ
عن خيمة العربيِّ أكثَرَ. من أنا ؟ هذا
سؤالُ الآخرين ولا جوابَ له. أنا لُغَتي أنا،
وأنا مُعَلَّقَةٌ... مُعَلَّقتان...عَشْرٌ، هذه لغتي

UNE RIME POUR LES MU'ALLAQÂT

Personne ne m'a guidé vers moi
Je suis le guide, je suis le guide
Vers moi, entre mer et désert
De ma langue, je suis né sur la route de l'Inde
Au sein de deux petites tribus
Vivant sous la lune des religions anciennes et de la
paix impossible
Contraintes d'apprendre l'astrologie du voisin per-
san et la grande obsession des Byzantins pour que
les temps pesants
Délestent encore la tente de l'Arabe
Qui suis-je ? C'est la question que les autres posent
Et elle est sans réponse
Moi ? Je suis ma langue, moi
Et je suis un, deux, dix poèmes suspendus Voici ma
langue

أنا لغتي. أنا ما قالتِ الكلماتُ :

كُنْ

جَسَدي، فكُنْتُ لنَبْرِها جَسَداً. أنا ما

قُلتُ للكلماتِ : كُوني ملتقى جَسَدي مع

الأبديّة الصحراءَ. كُوني كي أكونَ كما أقُولُ !

لا أرضَ فوق الأرض تحملني، فيحملني كلامي

طائراً متفرِّعاً مني، ويبني عشّ رحلته أمامي

في حُطامي، في حطام العالم السحريِّ من حولي،

على ريحٍ وَقَفْتُ. وطالَ بي ليلي الطويلُ

...هذه لغتي قلائد من نُجومٍ حول أعناقِ

الأحبّة : هاجروا

أخذوا المكان وهاجروا

أخذوا الزمان وهاجروا

أخذوا روائحَهُمْ عَنِ الفخّارِ

والكَلأَ الشحيح، وهاجروا

أخذوا الكلامَ وهاجَرَ القلبُ القتيلُ

مَعَهُم. أيتَّسعُ الصدى، هذا الصدى،

هذا السرابُ الأبيضُ الصوتيُّ لاسمٍ تملأُ

Je suis ma langue. Et je suis

Ce que les mots ont dit

Sois notre corps, et je fus un corps pour leur timbre

Je suis ce que j'ai dit aux mots

Soyez le confluent entre mon corps et l'éternité désert

Soyez, que je sois selon ce que je dis

Pas de terre au-dessus de la terre qui me porte

Alors mes mots me portent

Oiseau issu de moi, et qui construit le nid de son voyage devant moi, dans mes débris

Dans les débris du merveilleux, autour de moi

Sur un vent, je me suis dressé. Et ma longue nuit m'est interminable

Voici ma langue, colliers d'étoiles aux cous de ceux que j'aime

Ils sont partis

Ils ont emporté le lieu

Emporté le temps

Effacé leurs odeurs des jarres et de l'herbe avare. Partis

Ils ont emporté les mots. Et le cœur meurtri est parti aussi. L'écho, cet écho

Contiendra-t-il ce blanc mirage sonore d'un nom,

المجهولَ بُحَّتُهُ، ويملؤهُ الرحيلُ أُلوهةً ؟

تضعُ السماءُ عليَّ نافذةً فأنظُرُ : لا

أرى أحداً سوايَ...

وجدتُ نفسي عند خارجها

كما كانت معي، ورؤايَ

لا تنأى عن الصحراء،

من ريحٍ ومن رملٍ خُطايَ

وعالمي جَسَدي وما مَلَكَتْ يدايَ

أنا المسافرُ والسبيلُ

يُطلُّ آلهةٌ عليَّ ويذهبون، ولا نُطيلُ

حديثَنا عمّا سيأتي. لا غدَّ في

هذه الصحراءِ إلّا ما رأينا أمس،

فلأرفعْ مُعَلَّقتي لينكسرَ الزمانُ الدائريُّ

ويُولَدَ الوقتُ الجميلُ !

ما أكْثَرَ الماضي يجيء غداً

تركتُ لنفسها نفسي التي امتلأتْ بحاضرها

وأفرغني الرحيلُ

من المعابد. للسماءِ شعوبُها وحرُوبها

أمّا أنا، فليَ الغزالةُ زوجةً، وليَ النخيلُ

dont la raucité remplit l'inconnu

Et que le départ emplit de divinité ?

Le ciel pose sur moi une fenêtre. Je regarde

Je ne vois nul autre que moi

Je me suis trouvé en mon dehors. Pareil à moi-même

Et mes visions ne s'éloignent pas du désert

De vent et de sable, sont mes pas

Et mon univers est mon corps et ce que possèdent
mes mains

Je suis le voyageur et le chemin

Des dieux m'apparaissent et s'en vont, et nous n'en
dirons pas plus sur ce qui adviendra

Nul autre lendemain en ce désert que ce que nous
avons vu hier

A moi de brandir ma mu'allaqa, que se brisent les
temps cycliques

Et viennent les beaux jours

Tout ce passé qui s'en vient demain

J'ai laissé mon être à lui-même. Plein de son présent

Et le départ m'a désempli des temples

Le ciel a ses peuples et ses guerres

Quant à moi, j'ai la gazelle pour épouse, et j'ai les
palmiers

معلّقاتٌ في كتاب الرمل. ماضٍ ما أرى

للمرءِ مملكةُ الغُبارِ وتاجُهُ. فلتنتصرْ

لُغَتي على الدَهْرِ العَدُوِّ، على سُلالاتي،

عليَّ، على أبي، وعلى زَوالٍ لا يزولُ

هذه لُغَتي ومُعْجِزَتي. عصا سِحْري.

حدائقُ بابلي ومسلّتي، وهُويّتي الأُولى،

ومعدِني الصقيلُ

ومقدَّسُ العربيِّ في الصحراءِ،

يعبُدُ ما يسيلُ

من القوافي كالنجوم على عَبَاءَتِهِ،

ويعبُدُ ما يقولُ

لا بُدَّ من نثرٍ إذاً،

لا بُدَّ من نَثْرٍ إلهيٍّ لينتصرَ الرَسُولُ...

Poèmes suspendus dans le livre de sable

Du passé, ce que je vois

L'homme possède le royaume de la poussière et une
couronne

A ma langue de l'emporter sur le siècle adverse

Sur ma lignée

Sur moi, sur mon père et sur une fin qui ne finit pas

Voici ma langue et mon miracle. La baguette de ma
féerie

Les jardins de ma Babylone, mon obélisque ma pre-
mière identité

Mon métal poli, et

Le sacré de l'Arabe au désert

Qui adore ce qui coule

Des rimes, étoiles sur sa cape

Et adore ce qu'il dit

Il faudra donc une prose

Une prose divine pour que triomphe le Prophète

ليلٌ يفيض من الجَسَد

ياسمينٌ على لَيْلِ تَمّوزَ، أُغْنِيَّةٌ
لِغَريبَيْنِ يلتقيان على شارع
لا يؤدّي إلى هَدَف...
مَنْ أنا بعد عينين لوزيّتين؟ يقول الغريبْ
مَنْ أنا بعد منفاكَ فيَّ؟ تقولْ الغريبة.
إذنْ، حسناً، فلنَكُنْ حَذَرَيْن لئلا
نُحَرِّكَ مِلْحَ البحار القديمة في جَسَدٍ يتذكَّرُ...
كانت تُعيدُ لَهُ جَسَداً ساخناً،
ويُعيدُ لها جَسَداً ساخناً.
هكذا يترُكُ العاشقان الغريبان حُبَّهما
فَوْضَوِيّاً، كما يتركان ثيابَهما الداخليَّةَ
بين زُهور المُلاءات...

NUIT QUI DÉBORDE DU CORPS

Jasmin sur les nuits de juillet. Chanson

Pour deux étrangers qui se rencontrent sur une rue

qui ne mène nulle part

Qui suis-je après ces deux yeux en amande ? Dit

l'étranger

Qui suis-je après ton exil en moi ? Dit l'étrangère

Prenons garde alors, à ne pas remuer le sel des mers

anciennes

Dans un corps qui se souvient

Elle lui restituait son corps chaud

Et il lui restituait son corps chaud

Ainsi les deux amants étrangers laissent leurs amours

en désordre

Comme ils abandonnent leurs sous-vêtements entre

les fleurs des draps

ــ إنْ كُنْتَ حقّاً حبيبي، فألِّفْ

نشيدَ أناشيدَ ليْ، واحفُر اسمِي

على جذْع رُمَّانة في حدائقِ بابلَ...

ــ إنْ كُنْت حقّاً تُحبّينَني، فضَعي

حُلُمي في يديَّ. وقولي لَهُ، لابن مريمَ،

كيف فَعَلْتَ بنا ما فعلتَ بنفسِكَ،

يا سيِّدي، هل لدينا من العَدْلِ ما سوف يكفي

ليجعلنا عادلين غداً ؟

ــ كيف أُشفى من الياسمين غداً ؟

ــ كيف أُشفى من الياسمين غداً ؟

يُعْتِمانِ معاً في ظلالٍ تشعُّ على

سقف غُرْفَتِه : لا تكُنْ مُعْتِماً

بَعْدَ نهديَّ ــ قالت له...

قال : نهداك ليلٌ يُضيءُ الضروريَّ

نهداك ليلٌ يُقَبِّلُني، وامتلأنا أنا

والمكانُ بليلٍ يَفيضُ من الكأسِ...

تَضْحَكُ من وَصفه. ثم تضحك أكثَرَ

حين تُخبِّيءُ مُنْحَدَرَ الليل في يدها...

ــ يا حبيبيَ، لو كان لي

أنْ أكونَ صبيّاً... لكُنْتُكَ أنتَ

— Si tu es vraiment mon aimé, compose un Cantique des cantiques pour moi

Et grave mon nom sur la branche d'un grenadier, dans les jardins de Babylone

— Si tu m'aimes vraiment, place mon rêve entre mes mains, et dis

Dis au fils de Marie : Ainsi, tu nous fais subir le sort que tu t'es choisi

Seigneur, sommes-nous assez justes, pour l'être demain ?

— Comment guérirais-je du jasmin, demain ?

— Comment guérirais-je du jasmin, demain ?

Ils font obscurité ensemble, dans des ombres qui dansent au plafond de sa chambre

Elle lui dit : Ne sois pas ténébreux après mes seins

Il dit : Tes seins, nuits qui éclairent l'essentiel Nuits qui me couvrent de baisers, et nous nous sommes emplis

Le lieu et moi, de nuits qui débordent de la coupe

Elle rit de sa description. Et elle rit encore

Lorsqu'elle cache la pente de la nuit dans sa main

— Mon amour s'il m'était donné d'être un garçon, je serais toi

ــ ولو كان لي أنْ أكونَ فتاةً

لكنتُكِ أنتِ ! ...

وتبكي، كعادتها، عند عَوْدَتها

من سماء نبيذيّة اللون : خُذْني

إلى بَلَدٍ ليس لي طائرٌ أزرقٌ

فوق صَفصَافه يا غريبُ !

وتبكي، لتَقْطَعَ غاباتها في الرحيلِ

الطويلِ إلى ذاتها : مَنْ أنا ؟

مَنْ أنا بعد مَنْفاكَ في جَسَدي ؟

آه منّي، ومنكَ، ومن بلدي

ــ مَنْ أنا بعد عينينٍ لوزيّتين ؟

أريني غَدي !

هكذا يترُكُ العاشقان وداعَهُما

فَوْضَوِيّاً، كرائحة الياسمين على ليل تمُّوزَ...

في كُلِّ تمُّوزَ يَحْمِلُني الياسمينُ إلى

شارعٍ، لا يؤدّي إلى هَدَفٍ،

بَيْدَ أنّي أُتابِعُ أغنيّتي :

ياسمينٌ

— Et s'il m'était donné d'être une fille, je serais toi

Et elle pleure, comme à son habitude lorsqu'elle
revient d'un ciel couleur de vin

Emmène-moi Etranger dans un pays où

Je ne possède pas un oiseau bleu sur un saule

Et elle pleure, pour traverser ses forêts dans le long
départ vers elle-même. Qui suis-je ?

Qui suis-je après ton exil dans mon corps ?

Ah cette peine qui me vient de moi, de toi de mon
pays

Qui suis-je après ces deux yeux en amande ?

Montre-moi mon lendemain !

Ainsi les deux amants laissent leurs adieux en dé-
sordre

Comme le parfum du jasmin sur les nuits de juillet

Quand vient juillet

Le jasmin me porte à une rue qui ne mène nulle part

Mais je chante encore

Jasmin

على
ليلِ
تمّوز...

Sur les nuits
De juillet

... عندما يبتعد

للعدُوِّ الذي يشربُ الشايَ في كوخنا
فَرَسٌ في الدخانِ. وبنْتٌ لها
حاجبانِ كثيفان. عينانِ بُنِّيتان. وشَعْرٌ
طويلٌ كَلَيْلِ الأغاني على الكتفَيْن. وصورتُها
لا تُفارقُهُ كُلَّما جاءنا يطلُبُ الشايَ. لكنَّهُ
لا يُحَدِّثُنا عن مشاغلها في المساء، وَعَنْ
فَرَسٍ تَرَكَتْهُ الأغاني على قمَّةِ التَلَّ.../

...في كوخنا يستريحُ العَدُوُّ من البُندقيَّة،
يترُكُها فوق كُرسيَّ جَدِّي. ويأكُلُ من خبزنا

136

LORSQU'IL S'ÉLOIGNE

L'ennemi qui prend le thé dans notre masure a une
jument dans la fumée
Et une fille aux sourcils épais, aux yeux noisette, et à
la longue chevelure telle la nuit des chansons sur les
épaules
Et son image ne le quitte jamais quand il vient chez
nous, demander un thé
Mais il ne nous dit rien de ses occupations au soir
Ni d'une jument abandonnée par les chansons au som-
met de la colline

Dans notre masure, l'ennemi se repose du fusil
Il l'abandonne sur la chaise de mon grand-père, et se
nourrit de notre pain

مثلما يفعَلُ الضيفُ. يغفو قليلاً على
مقعدِ الخَيْزَران. ويحنُو على فَرْوِ
قِطّتِنا. ويقولُ لنا دائماً :
لا تلوموا الضحيّةَ !
نسألُهُ : مَنْ هيَ ؟
فيقولُ : دَمٌّ لا يُجَفّفُهُ الليلُ ...

...تلمعُ أزرارُ سُترتَهِ عندما يبتعدْ
عِمْ مساءً ! وسلّمْ على بئرِنا
وعلى جهَةِ التين. وامشِ الهُوَيْنى على
ظلّنا في حقولِ الشعيرِ. وسلّمْ على سَرْوِنا
في الأعالي. ولا تَنْسَ بوّابةَ البيتِ مفتوحةً
في الليالي. ولا تَنْسَ خَوْفَ
الحصانِ من الطائرات،
وسلّمْ علينا، هُنَاكَ، إذا اتّسَعَ الوقتُ ...

هذا الكلامُ الذي كان في وُدِّنا
أنْ نَقولَ على البابِ... يَسْمَعُهُ جيّداً

Comme tout invité

Il sommeille un temps sur le siège en osier

Se penche sur la fourrure de notre chatte et nous dit

toujours

Ne blâmez pas la victime

Nous demandons : Qui est-elle ?

Il répond : Un sang que la nuit ne dessèche jamais

Les boutons de son uniforme brillent quand il s'éloigne

Bonsoir ! Salue notre puits et le carré des figuiers

Marche doucement sur notre ombre dans les champs

d'avoine

Salue nos cyprès dans les cieux

Et n'oublie pas le portail de la maison, béant dans

les nuits

Rappelle-toi que le cheval a peur des avions

Et salue-nous là-bas, si tu trouves le temps

Ces paroles que nous aurions aimé dire sur le pas de

la porte

جيِّداً، ويُخبِّئُهُ في السُّعَال السريع
ويُلْقِي به جانباً.
فلماذا يزورُ الضحيَّةَ كُلَّ مساءٍ ؟
ويحفَظُ أمثالَنا مثْلَنا،
ويُعيدُ أناشيدَنا ذاتها،
عن مواعيدنا ذاتها في المكان المُقدَّسِ ؟
لولا المسدَّسُ
لاختلطَ النايُ في النايِ ...\

... لن تنتهي الحربُ ما دامتِ الأرضُ
فينا تدورُ على نفسها !
فلنَكُنْ طَيِّبِين إذاً. كان يسألُنا
أنْ نكونَ هنا طَيِّبِينَ. ويقرأُ شعراً
لطيَّار " بيتْس " : أنا لا أُحبُّ الذينَ
أدافعُ عنهُمْ، كما أنّني لا أُعادي
الذينَ أُحاربهُمْ...
ثم يخرجُ من كوخنا الخشبيِّ،

Il les entend parfaitement, parfaitement
Mais il les cache dans une toux précipitée
Puis les jette de côté
Pourquoi rend-il visite tous les soirs à la victime ?
Pourquoi retient-il nos proverbes, tout comme nous ?
Reprend-il nos chants sur nos rendez-vous dans la
terre sacrée ?
N'était le revolver, la flûte se serait unie à la flûte

La guerre durera tant que la terre en nous
Sur elle-même tournera
Mais soyons bons
Il nous demandait d'être bons ici
Et il déclamait les vers du pilote de Yeats :
Je n'aime pas ceux que je défends
Tout comme je n'ai pas d'adversité contre ceux que
je combats
Puis il sortait de notre masure de bois

ويمشي ثمانينَ متراً إلى
بيتنا الحجريِّ هناك على طَرفِ السَهلِ.../

سلِّمْ على بيتنا يا غريبُ.
فناجينُ
قهوتنا لا تزال على حالها. هل تَشمُّ
أصَابعَنَا فوقها ؟ هل تقولُ لبنتك ذات
الجديلةِ والحاجبين الكثيفين إنَّ لها
صاحباً غائباً
يتمنّى زيارتَها، لا لشيْءٍ...
ولكنْ ليدخلَ مرآتَها ويرى سرَّهُ :
كيف كانت تُتَابعُ من بعده عُمْرَهُ
بدلاً منه ؟ سلِّمْ عليها
إذا اتّسَعَ الوقتُ.../

142

Parcourait quatre-vingts mètres jusqu'à notre maison
de pierre, là-bas
A la lisière de la plaine

Salue notre maison pour nous, l'étranger
Les tasses de notre café sont encore en l'état
Y sens-tu l'odeur de nos doigts ?
Dis-tu à ta fille à la natte et aux sourcils épais
Qu'elle a un camarade absent qui souhaite lui rendre
visite ?
Rien que pour traverser son miroir et voir son
secret
Voir comment, à sa place, elle poursuit sa vie
Salue-la. Si tu trouves le temps

هذا الكلامُ الذي كان في وُدِّنا
أنْ نقولَ له، كان يسمعُهُ جيِّداً
جيِّداً،
ويُخَبِّئُهُ في سُعَالٍ سريع،
ويُلقي به جانباً، ثم تَلمَعُ
أزرارُ سُتْرَتهِ عندما يَبْتَعدْ...

Ces paroles que nous aurions souhaité dire
Il les entendait parfaitement, parfaitement
Mais il les cachait dans une toux précipitée
Puis les jetait de côté
Et les boutons de son uniforme brillaient
Tandis qu'il s'éloignait

سرير الغريبة

Riad El-Rayyes Books Ltd., Beyrouth, 1999.
Actes Sud, 2000.

LE LIT DE L'ÉTRANGÈRE

سوناتا

إذا كُنْتَ آخرَ ما قالَهُ اللهُ لي، فليكُنْ
نزولُكَ نُونَ الـ"أنا" في المُثَنَّى. وطوبى لنا
وقد نوَّرَ اللوزُ بَعْدَ خُطَى العابرين، هنا
على ضِفَّتيكَ، ورفَّ عليك القطا واليمامُ

بقَرْنِ الغزال طَعَنْتِ السماء، فسال الكلامُ
ندى في عروق الطبيعة. ما اسمُ القصيدةْ
أمام ثُنائيّة الخَلْقِ والحقّ، بين السماء البعيدةْ
وأرْزِ سريرِكِ، حين يحنُّ دَمٌ لدمٍ، ويئنُّ الرخامُ ؟

SONNET [I]

Si tu es la dernière parole dite à moi par Dieu,
Soyons deux en un et bienheureux
Maintenant que les amandiers se sont illuminés sur
les pas des passants, ici
Sur tes deux rives, et que les mouettes te survolent et
les coqs de bruyère.

Tu as poignardé le ciel avec la corne de la gazelle et
les mots ont coulé,
Rosée dans les veines de la nature. Quel est le nom
du poème
Devant la dualité de la Création et de la Justice,
entre un ciel lointain
Et le cèdre de ton lit, à l'heure où le sang se languit
d'un sang et gémit le marbre ?

ستحتاجُ أسطورةٌ للتشمُّس حولك. هذا الزحامُ
إلهاتُ مصرَ وسُومَرَ تحت النخيلِ يُغيِّرْنَ أثوابهنَّ
وأسماءَ أيّامهنَّ، ويُكْمِلْنَ رحلاتهنَّ إلى آخر القافية...

وتحتاجُ أنشودتي للتنفُّسِ : لا الشعرُ شعرٌ
ولا النثرُ نثرٌ. حلمتُ بأنَّك آخرُ ما قالَهُ
ليَ اللهُ حين رأيتكما في المنام، فكان الكلامُ...

Une légende aura besoin de s'ensoleiller autour de toi. Cette cohue :
Les déesses d'Egypte et de Sumer qui, sous les palmiers, changent leurs robes,
Les noms de leurs jours et achèvent le voyage vers la fin de la rime…

Et ma chanson a besoin de respirer : La poésie n'est pas poésie
Ni la prose, prose. J'ai rêvé que tu étais la dernière parole dite
A moi par Dieu lorsque je vous vis en rêve et qu'advint le Verbe…

سماء منخفضة

هُنَالِكَ حُبٌّ يسيرُ على قَدَمَيْهِ الحَريرِيَّتَيْن
سعيداً بغُرْبَتِه في الشوارع،
حُبٌّ صغيرٌ فقيرٌ يُبَلِّلُهُ مَطَرٌ عابِرٌ
فيفيضُ على العابرين :
هدايايَ أكبرُ مِنّي
كُلُوا حِنْطَتي
واشربوا خَمْرَتي
فسمائي على كتفيَّ وأرْضي لَكُمْ...

هَلْ شَمَمْتِ دَمَ الياسمين المَشَاعَ
وفكَّرْتِ بي
وانتظرتِ معي طائراً أخضرَ الذَيْلِ
لا اسْمَ لَهُ ؟

152

CIEL BAS

C'est un amour qui va sur ses pieds de soie,
Heureux de son exil dans les rues.
Un amour petit et pauvre que mouille une pluie de
   passage
Et il déborde sur les passants :
Mes présents sont plus abondants que moi.
Mangez mon blé,
Buvez mon vin,
Car mon ciel repose sur mes épaules et ma terre
   vous appartient…

As-tu humé le sang du jasmin indivis
Et pensé à moi ?
Attendu en ma compagnie un oiseau à la queue verte
Et qui n'a pas de nom ?

هُنَالِكَ حُبٌّ فقيرٌ يُحدِّقُ في النهرِ

مُستَسلِماً للتداعي : إلى أَيْنَ تَرْكُضُ

يا فَرَسَ الماء ؟

عمّا قليل سيمتصُّكَ البحرُ

فامش الهوينى إلى مَوْتكَ الاختياريِّ،

يا فَرَسَ الماء !

هل كنت لي ضَفَّتَيْنْ

وكان المكانُ كما ينبغي أن يكون

خفيفاً خفيفاً على ذكرياتِك ؟

أيَّ الأغاني تُحبِّينَ

أيَّ الأغاني ؟ أتلك التي

تتحدَّثُ عن عَطَشِ الحُبِّ،

أمْ عن زمانٍ مضى ؟

هنالك حُبٌّ فقير، ومن طَرَفٍ واحدٍ

هاديءٌ هاديءٌ لا يُكَسِّرُ

بلّوْرَ أيّامِك المُنْتَقاة

ولا يُوقِدُ النارَ في قَمَرٍ باردٍ

في سريرِك،

C'est un amour pauvre qui fixe le fleuve

Et il s'abandonne aux évocations : Où cours-tu ainsi,

Jument de l'eau ?

Sous peu, la mer t'absorbera.

Va lentement vers ta mort choisie,

Jument de l'eau !

Etais-tu mes deux rives

Lorsque le lieu était tel qu'il se devait d'être,

Léger léger pour tes souvenirs ?

Quelles chansons aimes-tu ?

Quelles chansons ? Celles qui chantent

La soif de l'amour ou

Celles qui chantent le temps révolu ?

C'est un amour pauvre et non partagé,

Calme calme, qui ne brise pas

Le verre de tes jours dévolus

Ni n'attise le feu d'une lune froide

Dans ton lit.

لا تشعرينَ به حينَ تبكينَ من هاجسٍ،

رُبَّما بدلاً منهُ،

لا تعرفين بماذا تُحِسِّين حين تَضُمِّينَ

نفسَكِ بين ذراعيكِ !

أيَّ الليالي تريدين، أيَّ الليالي

وما لونُ تلْكَ العيونِ التي تحلمينَ

بها عندما تحلمين ؟

هُنالكَ حُبٌّ فقيرٌ، ومن طرفين

يُقَلِّلُ من عَدَدِ اليائسين

ويرفَعُ عَرْشَ الحَمَامِ على الجانبين.

عليكِ، إذاً، أن تقُودي بنفسكِ

هذا الربيعَ السريعَ إلى مَنْ تُحِبِّينَ

أيَّ زمانٍ تريدين، أيَّ زمان

لأُصبحَ شاعرَهُ، هكذا هكذا : كُلَّما

مَضَتْ امرأةٌ في المساء إلى سرِّها

وَجَدَتْ شاعراً سائراً في هواجسها.

كُلَّما غاص في نفسه شاعرٌ

وَجَدَ امرأةً تتعرَّى أمام قصيدته...

Tu ne devines pas sa présence si, à sa place peut-
être, une obsession te fait pleurer.

Tu ne sais ce que tu ressens lorsque, de tes bras, tu
n'enlaces

Que toi !

Quelles nuits désires-tu, quelles nuits ?

Et de quelle couleur sont ces yeux dont tu rêves,

Lorsque tu rêves ?

C'est un amour pauvre et partagé

Qui réduit le nombre des désespérés

Et hisse le trône des colombes sur les deux côtés.

A toi de conduire

Ce printemps rapide vers ceux que tu aimes.

Quels temps désires-tu, quels temps ?

Que j'en sois le poète, ainsi et ainsi… Chaque fois

Qu'une femme s'en va, au soir, vers son secret,

Elle trouve un poète marchant dans ses obsessions.

Et chaque fois qu'un poète va au plus profond de lui,

Il trouve une femme se dénudant devant son poème…

أيَّ منفىً تريدينَ ؟
هل تذهبين معي، أمْ تسيرين وَحْدَكِ
في اسْمِك منفىً يُكَلَّلُ منفىً
بلألائِهِ ؟

هُنَالكَ حُبٌّ يَمُرُّ بنا،
دون أن ننتَبِهْ،
فلا هُوَ يَدْري و لا نحن نَدْري
لماذا تُشرِّدُنا وردةٌ في جدارٍ قديم
وتبكي فتاةٌ على مَوْقِف الباص،
تَقْضِمُ تُفَّاحَةً ثم تبكي وتضحَكُ :
لا شيءَ، لا شيءَ أكثر
من نَحْلَةٍ عَبَرَتْ في دمي...

هُنَالكَ حُبٌّ فقيرٌ، يُطيلُ
التأمُّلَ في العابرين، ويختارُ
أصْغَرَهُمْ قمراً : أنْتَ في حاجةٍ
لسماءٍ أقلَّ ارتفاعاً
فكُنْ صاحبي تَتَّسِعْ
لأنانيَّةِ اثنين لا يعرفان

158

Quels exils désires-tu ?

M'accompagneras-tu, partiras-tu seule dans ton nom,

Exil couronnant un autre exil

De toute sa splendeur ?

C'est un amour qui passe par nous

Sans que nous y prenions garde.

Et il ne sait et nous ne savons

Pourquoi une rose dans un vieux mur nous disperse,

Pourquoi une jeune fille en pleurs à l'arrêt d'un bus,

Croque une pomme et pleure encore et rit :

Ce n'est rien, rien qu'une

Abeille qui vient de traverser mon sang…

C'est un amour pauvre qui contemple

Longtemps les passants et prend

Le plus jeune pour lune : Tu as besoin

D'un ciel moins élevé.

Sois mon ami et tu pourras contenir

L'égoïsme de deux êtres qui ne savent

لمن يُهْديانِ زُهُورَهُما...
رُبَّما كان يَقْصِدُني، رُبَّما
كان يقصدُنا دون أنْ نَنْتَبِهْ

هُنَالكَ حُبٌّ...

A qui offrir leurs fleurs…
Il parlait peut-être de moi, peut-être
De nous, mais nous ne le savions pas.

C'est un amour…

من أنا، دون منفى ؟

غريبٌ على ضفّة النهر، كالنهر... يَرْبطُني
باسمك الماءُ. لا شيءَ يُرْجِعُني من بعيدي
إلى نخلتي : لا السلامُ ولا الحربُ. لا
شيء يُدْخِلُني في كتاب الأناجيلِ. لا
شيء... لا شيء يُومِضُ من ساحل الجَزْر
والمدّ ما بين دجْلَةَ والنيلِ. لا
شيء ينزلني من مراكب فرعون. لا
شيء يَحْمِلني أو يُحمّلني فكرةً : لا الحنينُ
ولا الوَعْدُ. ماذا سأفعل ؟ ماذا
سأفعلُ دون منفى، وليلِ طويلِ
يُحدّقُ في الماء ؟

يربطُني
باسمك

162

QUI SUIS-JE SANS EXIL ?

Etranger comme le fleuve au bord du fleuve… L'eau
M'attache à ton nom. Rien ne me ramène de mon
lointain
A mon palmier : Ni la paix ni la guerre. Rien
Ne m'incorpore aux Evangiles. Rien…
Rien ne scintille dans le sac
Et le ressac entre le Tigre et le Nil. Rien
Ne me débarque des vaisseaux de Pharaon. Rien
Ne me porte ou me fait porter une idée : Ni le désir
Ni la promesse. Que faire ? Que
Faire sans exil et sans une longue nuit
Qui scrute l'eau ?

L'eau
M'attache

الماءُ...

لا شيء يأخذني من فراشات حُلْمي

إلى واقعي : لا الترابُ ولا النارُ. ماذا

سأفعل من دون وَرْد سَمَرْقَنْدَ ؟ ماذا

سأفعل في ساحة تصقُلُ المُنْشدين بأحجارها

القمريَّة ؟ صِرْنا خفيفَيْن مثلَ منازلنا

في الرياح البعيدة. صرنا صديقَيْن للكائنات

الغريبة بين الغيوم... وصرنا طَليقَيْن من

جاذبيَّة أرْضِ الهُويَّة. ماذا سنفعل... ماذا

سنفعل من دون منفى، وليلٍ طويلٍ

يُحدّقُ في الماء ؟

يربطني

باسمك

الماءُ...

لم يبقَ منّي سواك، ولم يبق منك

سوايَ غريباً يُمَسِّدُ فخْذَ غريبته : يا

غريبةُ ! ماذا سنصنع في ما تبقّى لنا

من هُدُوءٍ... وقَيْلُولَةٍ بين أسطورتين ؟

ولا شيء يحملُنا : لا الطريقُ ولا البيتُ.

A ton nom…

Rien ne me porte des papillons de mon rêve

A mon réel : Ni le sable ni le feu. Que faire

Sans les roses de Samarkand ? Que faire

Sur une place qui polit les chantres avec ses pierres

Lunaires ? Nous voici légers comme nos demeures

Dans les vents lointains. Nous voici amis des créatures

Merveilleuses entre les nuages… et soustraits

A la pesanteur de la terre identitaire. Que ferons-

nous… Que ferons-nous

Sans exil et sans une longue nuit

Qui scrute l'eau ?

L'eau

M'attache

A ton nom…

Il ne reste, de moi, que toi, et ne reste, de toi,

Que moi, étranger qui masse la cuisse de son étran-

gère, ô étrangère !

Que ferons-nous de la tranquillité

Qui nous reste… et d'une sieste entre deux mythes ?

Et rien ne nous porte : Ni la route, ni la maison.

هل كان هذا الطريق كما هُوَ، منذ البداية،

أَمْ أنَّ أحلامنا وَجَدَتْ فرساً من خيول

المَغُول على التلِّ فاستتْبْدَلَتْنا ؟

وماذا سنفعلُ ؟

ماذا

سنفعلُ

من

دون

منفى ؟

Ce chemin fut-il, de tout temps, le même ?

A moins que nos rêves ne nous aient remplacés

Après avoir trouvé, chez les Mongols, une jument

sur la colline.

Et que ferons-nous ?

Que ferons-nous

Sans

Exil ?

درس من كماسوطرا

بكأسِ الشرابِ المرصَّع باللازوردِ
انتظرْها،
على بُركة الماء حول المساء وزَهْر الكُولُونيا
انتظرْها،
بصبرِ الحصانِ المُعَدّ لمُنْحدرات الجبالِ
انتظرْها،
بذَوْقِ الأمير الرفيع البديعِ
انتظرْها،
بسبعِ وسائدَ مَحْشُوَّةٍ بالسحاب الخفيفِ
انتظرْها،
بنار البَخُورِ النسائيِّ ملءَ المكانِ
انتظرْها،
برائحة الصَنْدَلِ الذَكَرِيَّة حول ظُهُورِ الخيولِ
انتظرْها،

L'ART D'AIMER

Avec la coupe sertie d'azur,
Attends-la
Auprès du bassin, des fleurs du chèvrefeuille et du soir,
Attends-la
Avec la patience du cheval sellé pour les sentiers de
montagne,
Attends-la
Avec le bon goût du prince raffiné et beau,
Attends-la
Avec sept coussins remplis de nuées légères,
Attends-la
Avec le feu de l'encens féminin partout,
Attends-la
Avec le parfum masculin du santal drapant le dos
des chevaux,
Attends-la.

ولا تتعجّلْ، فإن أقبلَتْ بعد موعدها

فانتظرْها،

وإنْ أقبلتْ قبل موعدها

فانتظرْها،

ولا تُجْفِل الطيرَ فوق جدائلها

وانتظرْها،

لتجلسَ مرتاحةً كالحديقة في أوْج زينتَها

وانتظرْها،

لكي تتنفّسَ هذا الهواءَ الغريبَ على قلبها

وانتظرْها،

لترفع عن ساقها ثوْبَها غيمةً غيمةً

وانتظرْها،

وخُذْها إلى شرفةٍ لترى قمراً غارقاً في الحليبِ

انتظرْها،

وقدِّمْ لها الماءَ قبل النبيذِ، ولا

تتطلَّعْ إلى تَوْأَمَيْ حَجَلٍ نائمين على صدرها

وانتظرْها،

ومُسَّ على مَهَلٍ يَدَها عندما

تَضَعُ الكأسَ فوق الرخامِ

170

Et ne t'impatiente pas. Si elle arrivait après son heure,

Attends-la

Et si elle arrivait, avant,

Attends-la

Et n'effraye pas l'oiseau posé sur ses nattes,

Et attends-la

Qu'elle prenne place, apaisée, comme le jardin à sa pleine floraison,

Et attends-la

Qu'elle respire cet air étranger à son cœur,

Et attends-la

Qu'elle soulève sa robe, qu'apparaissent ses jambes, nuage après nuage,

Et attends-la

Et mène-la à une fenêtre, qu'elle voie une lune noyée dans le lait,

Et attends-la

Et offre-lui l'eau avant le vin et

Ne regarde pas la paire de perdrix sommeillant sur sa poitrine,

Et attends-la

Et comme si tu la délestais du fardeau de la rosée,

Effleure doucement sa main lorsque

كأنّك تحمل عنها الندى

وانتظرْها،

تحدّثْ إليها كما يتحدّثُ نايٌّ

إلى وَتَرٍ خائفٍ في الكمانِ

كأنّكما شاهدانِ على ما يُعدُّ غدٌ لكما

وانتظرْها

ولمّعْ لها ليّلَها خاتماً خاتماً

وانتظرْها

إلى أنْ يقولَ لَكَ الليلُ :

لمْ يَبْقَ غيرُكُما في الوجودِ

فخذْها، برِفقٍ، إلى موتكَ المُشتَهى

وانتظرْها ! ...

Tu poseras la coupe sur le marbre,

Et attends-la

Et converse avec elle, comme la flûte avec la corde
craintive du violon,

Comme si vous étiez les deux témoins de ce que
vous réserve un lendemain,

Et attends-la

Et polis sa nuit, bague après bague,

Et attends-la

Jusqu'à ce que la nuit te dise :

Il ne reste plus que vous deux au monde.

Alors, porte-la avec douceur vers ta mort désirée

Et attends-la… !

جداريَّة

Riad El-Rayyes Books Ltd., Beyrouth, 2000.
Actes Sud, 2003.

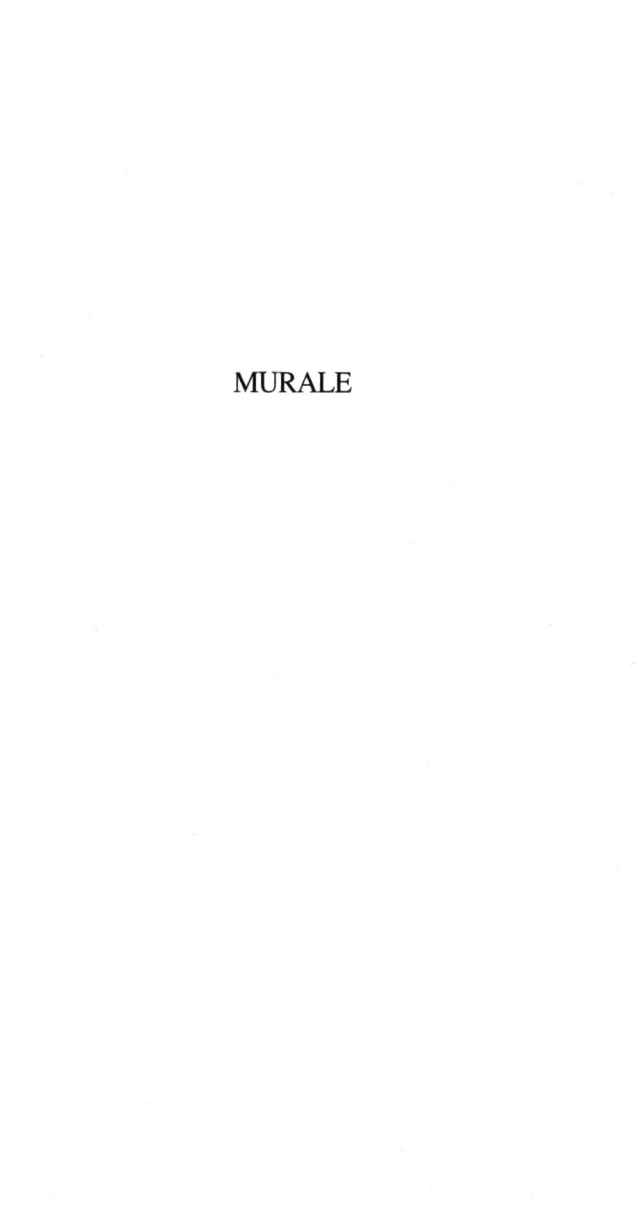

MURALE

[...]

ومثلما سار المسيحُ على البحيرة...

سرتُ في رؤيايَ. لكنّي نزلتُ عن

الصليب لأنّني أخشى العُلُوَّ ولا

أُبشّرُ بالقيامة. لم أُغيِّر غيرَ إيقاعي

لأسمعَ صوتَ قلبي واضحاً...

للملحميّين النُسُورُ ولي أنا طَوْقُ

الحمامةِ، نَجْمَةٌ مهجورةٌ فوق السطوح،

وشارعٌ يُفضي إلى الميناء....../

هذا البحرُ لي

هذا الهواءُ الرَّطْبُ لي

هذا الرصيفُ وما عَلَيْه

من خُطايَ وسائلي المنويِّ... لي

ومحطَّةُ الباصِ القديمةِ لي. ولي

[…]

Comme le Christ sur le Lac…

J'ai marché dans ma vision.

Mais je suis descendu de la croix car je crains l'altitude

Et n'annonce pas la résurrection.

Je n'ai changé que ma cadence

Pour entendre, nette, la voix de mon cœur…

Aux épiques, les aigles et pour moi, Le Collier du pigeon,

Une étoile abandonnée sur les toits

Et une ruelle menant au port…

Cette mer m'appartient,

Cet air humide m'appartient,

Ce quai et ce qu'il porte

De mes pas et de mon sperme… m'appartiennent

Et le vieil arrêt du bus m'appartient et m'appartiennent

Mon fantôme et son maître, les ustensiles de cuivre,

شَبَحي وصاحبُهُ. وآنيةُ النحاسِ
وآيةُ الكُرسيّ، والمفتاحُ لي
والبابُ والحُرّاسُ والأجراسُ لي
ليَ حَذْوَةُ الفَرَسِ التي
طارت عن الأسوارِ... لي
ما كان لي. وقُصاصةُ الوَرَقِ التي
انتُزِعَتْ من الإنجيلِ لي
والمِلْحُ من أثرِ الدموعِ على
جدارِ البيتِ لي ...
واسمي، وإنْ أخطأتُ لَفْظَ اسمي
بخمسةِ أَحْرُفٍ أُفُقيَّةِ التكوين لي :
ميمْ/ المُتَيَّمُ والمُيَتَّمُ والمُتمّمُ ما مضى
حاءُ/ الحديقةُ والحبيبةُ، حيرتانِ وحسرتانِ
ميمْ/ المُغَامِرُ والمُعَدُّ المُستَعِدُّ لموته
الموعودُ منفيّاً، مريضَ المُشْتَهَى
واو/ الوداعُ، الوردةُ الوسطى،
ولاءٌ للولادةِ أينما وُجِدَتْ، وَوَعْدُ الوالدين
دالْ/ الدليلُ، الدربُ، دمعةُ
دارةٍ دَرَسَتْ، ودوريّ يُدَلِّلُني ويُدْميني/

178

Le verset du Trône, la clé,

La porte et les gardes et les cloches.

Et le fer de la jument

Envolée des remparts m'appartient…

Et m'appartient ce qui était mien,

La citation de l'Evangile

Et le sel laissé par les larmes

Sur le mur de la maison…

Et mon nom, quand bien même je prononcerais mal
mon nom

Fait de cinq lettres horizontales, m'appartient :

ﺎ Le mîm du fou d'amour, de l'orphelin, de qui
accomplit le passé,

ﺤ Le hâ' du jardin, de l'aimée, des deux perplexi-
tés et des deux peines,

ﺎ Le mîm de l'aventurier, du malade de désir, de
l'exilé apprêté et préparé à sa mort annoncée,

ﻭ Le waw de l'adieu, de la rose médiane, de l'al-
légeance à la naissance où qu'elle advienne,
de la promesse des père et mère,

ﺪ Le dâl du guide, du chemin, de la larme d'une
demeure effondrée et d'un moineau qui me
cajole et m'ensanglante.

179

وهذا الاسمُ لي...

ولأصدقائي، أينما كانوا، ولى

جَسَدي المُؤقَّتُ، حاضراً أم غائباً...

مِتْرانِ من هذا التراب سيكفيان الآن...

لي مِتْرٌ و75 سنتمتراً...

والباقي لِزَهْرٍ فَوْضَويّ اللونِ،

يشربني على مَهَلٍ، ولي

ما كان لي : أَمسي، وما سيكون لي

غَدِيَ البعيدُ، وعودةُ الروح الشريد

كأنَّ شيئاً لم يَكُنْ

وكأنَّ شيئاً لم يَكُنْ

جرحٌ طفيف في ذراع الحاضر العَبَثيِّ...

والتاريخُ يسخر من ضحاياهُ

ومن أبطالهِ...

يُلْقي عليهمْ نظرةً ويمرُ...

هذا البحرُ لي

هذا الهواءُ الرَّطْبُ لي

واسمي —

وإنْ أخطأتُ لفظَ اسمي على التابوت —

لي.

Ce nom m'appartient…

Et il appartient à mes amis, où qu'ils se trouvent.

Et mon corps passager, présent ou absent, m'appartient…

Deux mètres de cette tourbe suffiront désormais…

Un mètre et soixante-quinze centimètres pour moi…

Et le reste, pour des fleurs aux couleurs désordonnées

Qui me boiront lentement. Et m'appartenait

Ce qui m'appartenait, mon passé, et ce qui m'appar-
   tiendra,

Mon lendemain lointain et le retour de l'âme prodigue.

Comme si rien n'avait été.

Comme si rien n'avait été.

Rien qu'une blessure légère au bras du présent ab-
   surde…

Et l'Histoire se rit de ses victimes

Et de ses héros…

Elle leur jette un regard et passe…

Cette mer m'appartient.

Cet air humide m'appartient.

Et mon nom,

Quand bien même je prononcerais mal mon nom
   gravé sur le cercueil,

Mon nom m'appartient.

أمّا أنا ــ وقد امتلأتُ
بكُلِّ أسبابِ الرحيلِ ــ
فلستُ لي.
أنا لَسْتُ لي
أنا لستُ لي...

Mais moi, désormais plein

De toutes les raisons du départ, moi,

Je ne m'appartiens pas,

Je ne m'appartiens pas,

Je ne m'appartiens pas…

حالة حصار

Riad El-Rayyes Books Ltd., Beyrouth, 2002.
Actes Sud, 2004.

ÉTAT DE SIÈGE

هنا، عند مُنْحَدرات التلالِ، أمامَ الغروبِ
وفُوَّهَةِ الوقتِ،
قُرْبَ بساتينَ مقطوعةِ الظلِّ،
نفعلُ ما يفْعَلُ السُجَناءُ،
وما يفعلُ العاطلون عَنِ العَمَل :
نُرَبِّي الأَمَلْ.

186

Ici, sur les pentes des collines, face au couchant

Et à la béance du temps,

Près des vergers à l'ombre coupée,

Tels les prisonniers,

Tels les chômeurs,

Nous cultivons l'espoir.

أيُّها الواقفون على العَتَبات ادخلوا،
واشربوا مَعَنَا القهوة العربيَّة
[قَدْ تَشْعُرونَ بأنَّكمُ بَشَرٌ مثلنا]
أيُّها الواقفون على عَتَبَاتِ البيوتِ،
اخرجوا من صباحاتنا،
نطمئنَّ إلى أنَّنا
بَشرٌ مثلكمْ !

Vous, qui vous tenez sur les seuils, entrez

Et prenez avec nous le café arabe.

Vous pourriez vous sentir des humains, comme nous.

Vous, qui vous tenez sur les seuils,

Sortez de nos matins

Et nous serons rassurés d'être comme vous,

Des humains !

[إلى قاتل :] لو تأمَّلْت وجهَ الضحيّةْ
وفكَّرْتَ، كُنْتَ تذكَّرْتَ أُمَّكَ في غُرْفَة
الغازِ، كُنْتَ تحرَّرْتَ من حكمة البندقيةْ
وغيَّرْتَ رَأيَكَ : ما هكذا تُسْتَعَادُ الهُويَّة !

[A un assassin]

Si tu avais contemplé le visage de la victime,

Réfléchi, tu te serais souvenu de ta mère dans la
  chambre à gaz,

Tu te serais délivré de la sagesse du fusil

Et tu aurais changé d'avis : Ce n'est pas ainsi que
  l'on recouvre son identité !

[إلى قاتل آخر :] لو تَرَكْتَ الجَنينَ
ثلاثين يوماً، إذاً لتغيَّرَت الاحتمالاتُ :
قد ينتهي الاحتلالُ ولا يتذكّرُ ذاك
الرضيعُ زمان الحصار،
فيكبر طفلاً مُعَافى، ويصبحُ شابًّا
ويَدْرُسُ في معهدٍ واحدٍ مع إحدى بَنَاتِكَ
تاريخَ آسيا القديمَ
وقد يَقَعَان معاً في شباك الغرامِ
وقد يُنْجِبَان ابنةً [وتكونُ يهوديةً بالولادةِ]
ماذا فعلتَ إذاً ؟
صارت ابنتُكَ الآن أرملةً
والحفيدةُ صارت يتيمةْ ؟
فماذا فَعلْتَ بأُسْرَتِكَ الشاردةْ

192

[A un autre assassin]

Si tu avais laissé trente jours au fœtus,

Les possibilités auraient été autres :

L'occupation finie, le nouveau-né aurait oublié

Les temps du siège,

Il aurait grandi en bonne santé, serait devenu un
jeune homme,

Aurait étudié avec l'une de tes filles

L'histoire ancienne de l'Asie

Et ils auraient pu s'aimer,

Donner jour à une fille (et elle serait juive de nais-
sance !).

Qu'as-tu donc fait ?

Ta fille est aujourd'hui veuve,

Ta petite-fille, orpheline.

Qu'as-tu fait de ta famille fugitive ?

وكيف أُصبتَ ثلاثَ حمائمَ بالطلقةِ الواحدةْ ؟

Comment as-tu pu, d'une seule balle, abattre trois colombes ?

إذا لم تَكُنْ مَطَراً يا حبيبي
فكُنْ شَجَراً
مُشْبَعاً بالخُصُوبَة... كُنْ شَجَرا
وإنْ لم تَكُنْ شَجَراً يا حبيبي
فكُنْ حجراً
مُشْبعاً بالرطوبة... كُنْ حجرا
وإنْ لم تكنْ حَجراً يا حبيبي
فكُنْ قمراً
في مَنَام الحبيبة... كُنْ قمرا

[هكذا قالت امرأةٌ
لابنها في جنازته]

Si tu n'es pas pluie, mon amour,
Sois arbre
Fécond… Sois arbre.
Et si tu n'es pas arbre, mon amour,
Sois pierre
Humide… Sois pierre.
Et si tu n'es pas pierre, mon amour,
Sois lune
Dans le songe de l'aimée… Sois lune.
Ainsi parla une femme
A son fils qu'on enterrait.

قالت الأمُّ : في باديء الأمرِ لم
أفهم الأمرَ. قالوا : تَزَوَّجَ منذ
قليلٍ. فَزَغْرَدْتُ، ثمَّ رَقَصْتُ وَغَنَّيْتُ
حتى الهزيعِ الأخيرِ من الليلِ، حيث
مضى الساهرون ولم تبق إلاَّ سلالُ
البَنَفْسَج حَوْلي. تساءلتُ : أين العروسان ؟
قيلَ : هنالك فوق السماء مَلاكَانِ
يَسْتَكْمِلان طُقُوسَ الزواج. فَزَغْرَدْتُ،
ثمَّ رَقَصْتُ وغنَّيْتُ حتى أُصِبْتُ
بداء الشَّلَلْ
فمتى ينتهي، يا حبيبي، شَهْرُ العَسَلْ ؟

La mère dit : Je n'ai pas compris

Quand ils m'ont dit : Il vient de se marier.

J'ai poussé des youyous, dansé et chanté

Jusqu'au bout de la nuit.

Les veilleurs sont partis me laissant seule

Au milieu des paniers de lilas. J'ai demandé :

Où sont les nouveaux mariés ?

On m'a répondu : Là-haut, deux anges

Achèvent les rites de la noce. J'ai poussé des youyous,

Dansé et chanté jusqu'au bout de mes forces :

Mon amour, quand donc s'achèvera ta lune de miel ?

سيمتدُّ هذا الحصارُ إلى أنْ
يُحسَّ المُحَاصِرُ، مثل المُحَاصَرِ،
أنَّ الضَجَرْ
صفةٌ من صفات البَشَرْ

*

أيُّهَا الساهرونَ ! ألم تتعبوا
من مراقبة الضوء في مِلْحِنا ؟
ومن وَهَج الورد في جُرْحِنا
ألمْ تتعبوا أيُّها الساهرونْ ؟

Ce siège durera jusqu'à ce que l'assiégeant,
Comme l'assiégé, réalise que l'ennui
Est l'un des attributs de l'Homme.

*

Vous qui veillez ! N'êtes-vous pas fatigués
De surveiller la lumière dans notre sel ?
Et du feu des roses dans notre plaie,
N'êtes-vous pas fatigués, vous qui veillez ?

واقفون هنا. قاعدون هنا. دائمون هنا.
خالدون هنا. ولنا هَدَفٌ واحدٌ واحدٌ :
أنْ نكون.
ومن بعده نحنُ مُختَلِفونَ على كُلِّ شيءٍ :
على صورة العَلَم الوطنيِّ
[ستُحْسِنُ صُنْعاً لو اخْتَرْتَ يا
شعبيَ الحيَّ رَمْزَ الحمار البسيط]
ومُختَلِفونَ على كلمات النشيد الجديد
[ستُحْسِنُ صُنْعاً لو اخْتَرْتَ أغنيةً عن زواج الحمام]
ومُختَلِفونَ على وَاجبات النساء
[ستُحْسِنُ صنعاً لو اخترتَ سيِّدةً لرئاسة أجهزة الأمن]
مختلفون على النسبَةِ المئوية، والعامِّ والخاصِّ،
مختلفون على كُلِّ شيء. لنا هَدَفٌ واحدٌ :
أنْ نكون...
ومن بعده يجد الفَرْدُ متَّسعاً لاختيار الهَدَفْ

202

Debout ici. Assis ici. Toujours ici.

Eternels ici. Nous avons un seul but, un seul :

Etre.

Après quoi, nous divergerons sur tout :

Sur le dessin du drapeau national

(Tu seras bien avisé, mon peuple vivant, si tu choisis
   l'emblème de l'âne simple),

Et sur les paroles de l'hymne nouveau

(Tu seras bien avisé si tu choisis une chanson sur les
   noces des colombes),

Et sur les devoirs des femmes

(Tu seras bien avisé si tu nommes une femme à la
   tête des services de sécurité),

Et sur les pourcentages, le public, le privé,

Sur tout. Nous avons un seul but :

Etre…

Après quoi chacun aura toute latitude de choisir.

لا أُحبُّكَ، لا أكرهُكَ

قال مُعْتَقَلٌ للمحققِ : قلبي مَليءٌ

بما ليس يَعْنيك. قلبي يفيضُ برائحةِ المَرْيميَّةِ،

قلبي بريءٌ، مُضيءٌ، مَليءٌ،

ولا وقْتَ في القلب للامتحان. بلى،

لا أُحبُّكَ. مَنْ أنْتَ حتّى أُحبَّكَ ؟

هل أنت بعضُ أنايَ، وموعدُ شايٍ

وَبَحَّةُ نايٍ، وأُغنيةٌ كيْ أُحبَّكَ ؟

لكنني أكرهُ الاعتقال ولا أكرهُكْ.

هكذا قال مُعْتَقَلٌ للمحققِ : عاطفتي

لا تَخُصُّكَ. عاطفتي هي لَيْلى الخصوصيِّ...

Je ne t'aime pas ; je ne te hais pas,

Dit le prisonnier à l'enquêteur. Mon cœur est plein

De ce qui ne te regarde pas. Il déborde du parfum de
la sauge.

Mon cœur est innocent, lumineux, plein,

Et pas le temps dans le cœur pour la mise à l'épreuve.
Oui,

Je ne t'aime pas. Qui es-tu pour que je t'aime ?

Es-tu quelque partie de mon moi, un rendez-vous
pour le thé,

La raucité d'une flûte, une chanson, pour que je
t'aime ?

Mais je hais la captivité et ne te hais pas.

Ainsi parla le prisonnier à l'enquêteur :

Mes sentiments ne te regardent pas.

Mes sentiments sont ma nuit privée…

لَيْلي الذي يتحرّكُ بين الوسائد حُرّاً

من الوزن والقافيةْ !

Ma nuit qui se meut sous les draps, libre
De métrique et de rimes !

[إلى شبه مستشرق :] ليكُنْ ما تَظُنُّ

لنفترضِ الآن أنّي غبيٌّ، غبيٌّ، غبيٌّ

ولا ألعبُ الجولف،

لا أفهمُ التكنولوجيا،

ولا أستطيعُ قيادةَ طيَّارةٍ !

ألهذا أخذتَ حياتي لتصنعَ منها حيَاتَكَ ؟

لو كُنْتَ غيرَكَ، لو كُنْتُ غيري

لكُنَّا صديقَيْنِ يعترفان بحاجتنا للغباء....

أما للغبيِّ كما لليهوديِّ في

" تاجر البندقية " قَلْبٌ، وخبزٌ

وعينانِ تغرورقان ؟

208

[A un pseudo-orientaliste]

Que ce que tu crois, soit.

Supposons que je sois stupide, stupide, stupide,

Que je ne joue pas au golf,

Que je ne comprenne rien à la technologie

Et que je ne sache piloter un avion !

Est-ce pour cela que tu as pris ma vie pour confec-
tionner la tienne ?

Si tu étais autre que toi, si j'étais autre que moi,

Nous serions deux amis qui reconnaissent leur stupi-
dité…

Le sot, comme le juif du *Marchand de Venise*,

N'a-t-il pas un cœur, du pain

Et des yeux pour pleurer ?

الشهيدةُ بنتُ الشهيدة بنتُ الشهيد
وأُختُ الشهيد وأختُ الشهيدة كنَّةُ
أمِّ الشهيد حفيدةُ جدٍّ شهيد
وجارةُ عمِّ الشهيد [الخ...الخ...]
ولا شيء يحدثُ في العالم المتمدِّنِ،
فالزمن البربريُّ انتهى،
والضحيّةُ مجهولةُ الإسم، عاديّةٌ
والضحيّةُ... مثل الحقيقة... نسبيّةٌ
[الخ... الخ...]

La martyre fille de la martyre fille du martyr

Sœur du martyr et sœur de la martyre et bru

De la mère du martyr, petite-fille d'un grand-père de
   martyr

Et voisine de l'oncle du martyr, etc., etc.

Et rien de nouveau dans le monde civilisé.

Les temps de barbarie sont passés,

La victime est anonyme, banale,

La victime… comme la vérité… est relative.

Etc., etc.

فناجينُ قهوتنا. والعصافيرُ. والشَّجرُ الأخضرُ
الأزرقُ الظلِّ. والشمسُ تَقفزُ من
حائطٍ نحو آخرَ مثلَ الغزالة...
والماءُ في السُّحُبِ اللانهائيّة الشكلِ
في ما تبقَّى لنا من سماء،
وأشياءُ أُخرى مُؤَجَّلَةُ الذكريات
تدُلُّ على أنّ الصباحَ قويٌّ بهيٌّ،
وأنَّا ضيوفٌ على الأبديّة.

Nos tasses de café. Les oiseaux. Les arbres verts

Aux ombrages bleus et le soleil qui saute d'un

Mur à l'autre telle la gazelle…

L'eau des nuages aux formes infinies

Dans ce qui nous reste de ciel,

Et d'autres choses encore dont le souvenir est remis

    à plus tard,

Montrent que ce matin est fort, resplendissant,

Et que nous sommes les hôtes de l'éternité.

بلادٌ على أُهْبَة الفجرِ،

عمًّا قليلْ

تنامُ الكواكبُ في لُغَة الشعْر.

عمًّا قليلْ

نودِّعُ هذا الطريقَ الطويلْ

ونسألُ : من أَيْنَ نبدأُ ؟

عمًّا قليلْ

نُحذِّرُ نرجِسَنا الجَبَلِيِّ الجميلْ

من الافتتان بصورتِه : لم تَعُدْ

صالحاً للقصيدة، فانظرْ

إلى عابراتِ السبيلْ

Patrie au point de l'aube,

Sous peu,

Les astres s'endormiront dans la langue de la poésie.

Sous peu,

Nous ferons nos adieux à ce long chemin

Et nous nous demanderons : Par où commencer ?

Sous peu,

Nous mettrons en garde notre beau narcisse de mon-
   tagne,

Contre l'amour de son image : Tu n'es plus

Apte au poème, regarde plutôt

Les passantes.

لا تعتذر عمّا فعلت

Riad El-Rayyes Books Ltd., Beyrouth, 2004.
Actes Sud, 2006.

NE T'EXCUSE PAS

سيجيءُ يومٌ آخر

سيجيءُ يَوْمٌ آخر، يومٌ نسائيٌّ
شفيفُ الاستعارة، كاملُ التكوين،
ماسيٌّ زَفَافيُّ الظلِّ. لا أحدٌ يُحسُّ
برغبةٍ في الانتحار أو الرحيل. فكلّ
شيء، خارجَ الماضي، طبيعيٌّ حقيقيٌّ،
رديفُ صفاته الأولى، كأنَّ الوقت
يرقُدُ في إجازته... "أطيلي وقت زينتك
الجميلَ. تشمّسي في شمس نَهْدَيْكِ الحَريريِّين،
وانتظري البِشارةَ ريثما تأتي. وفي ما
بعد نكبُرُ. عندنا وقتٌ إضافيٌّ
لنكبُرَ بعد هذا اليوم...".

UN AUTRE JOUR VIENDRA

Un autre jour viendra, féminin,
à la métaphore transparente, accompli,
adamantin, nuptial, ensoleillé,
fluide, sympathique. Personne n'aura
une envie de suicide ou de migration,
et tout, hors du passé, sera naturel, vrai,
conforme à ses attributs premiers.
Comme si le temps
dormait en vacances…
"Prolonge le beau temps de ta parure.
Ensoleille-toi à l'astre de tes seins de soie
et attends la bonne nouvelle. Ensuite,
nous grandirons. Nous avons du temps
pour grandir après ce jour…"

سوف يجيءُ يومٌ آخرٌ، يومّ نسائيٌّ
غنائيُّ الإشارةِ لازورديُّ التحيّةِ
والعبارةِ. كُلُّ شيءٍ أُنْثَويٌّ خارج
الماضي. يَسيلُ الماءُ من ضرع الحجارةِ.
لا غُبَارَ، ولا جَفَافَ، ولا خَسارةَ.
والحمامُ ينامُ بعد الظهر في دبّابةٍ
مهجورةٍ إن لم يجد عُشّاً صغيراً
في سرير العاشقَيْن...

Un autre jour viendra, féminin,
au signe chantant, au salut
et au verbe azuréens.
Tout est féminin hors du passé.
L'eau s'écoule des mamelles de la pierre.
Pas de poussière, pas de sécheresse,
pas de perte,
et les colombes font la sieste dans un char
abandonné, quand elles ne trouvent pas
un petit nid
dans le lit des amants…

في مثل هذا اليوم

في مثلِ هذا اليومِ، في الطَّرَف الخفيُّ
من الكنيسة، في بهاءٍ كاملِ التأنيث،
في السنة الكبيسة، في التقاء الأخضر
الأبديّ بالكُحْليّ في هذا الصباح، وفي
التقاء الشكل بالمضمون، والحسيّ بالصُّوفيّ،
تحت عريشة فَضْفَاضَةٍ في ظلّ دوريٍّ
يوتّرُ صورةَ المعنى، وفي هذا المكان
العاطفيّ/
سألتقي بنهايتي وبدايتي
وأقول : ويحكما ! خذاني واتركَا
قلبَ الحقيقة طازَجاً لبنات آوى الجائعاتِ،

EN UN JOUR
A CE JOUR PAREIL

En un jour à ce jour pareil,
dans la travée secrète de l'église,
en une splendeur toute féminine,
en l'année bissextile, dans la rencontre,
ce matin, du vert
éternel et du bleu marin,
de la forme et du contenu,
du tangible et du mystique,
sous une tonnelle débordante,
à l'ombre d'un moineau
qui aiguise l'image du sens,
en ce lieu sentimental,
je rencontrerai ma fin et mon commencement
et je dirai : Malheur à vous deux !
Emportez-moi et laissez
le cœur de la vérité, frais

أقول : لَسْتُ مواطناً

أو لاجئاً

وأُريدُ شيئاً واحداً، لا غير،

شيئاً واحداً :

موتاً بسيطاً هادئاً

في مثل هذا اليوم،

في الطرف الخفيِّ من الزَّنَابقِ،

قد يُعَوِّضُني كثيراً أو قليلا

عن حياةٍ كنتُ أُحْصيها

دقائقَ

أو رحيلا

وأُريدُ موتاً في الحديقةِ

ليس أكْثَرَ أو أقَلّ !

pour les hyènes affamées.

Je dirai : Je ne suis ni citoyen

ni réfugié.

Je désire une seule chose, nulle autre,

une seule chose,

une mort simple, paisible,

en un jour à ce jour pareil,

dans l'allée secrète des sambacs,

une mort qui me consolera,

un peu ou largement,

d'une vie que je recensais

en minutes

ou migrations.

Je désire une mort en ce jardin

ni plus ni moins !

لا شيء إلاّ الضوء

لا شيءَ إلاّ الضوء،
لم أوقفْ حصاني
إلاّ لأقطفَ وردةً حمراءَ من
بُستانٍ كَنْعانيّة أغوَتْ حصاني
وتحصّنَتْ في الضوء :
" لا تدخُلْ ولا تخرُجْ "...
فلم أدخُلْ، ولم أخرُج
وقالت : هل تراني ؟
فهمسْتُ : ينقُصُني، لأعرِفَ، فارقٌ
بين المسافر والطريق، وفارقٌ
بين المغنيِّ والأغاني...
جَلَسَتْ أريحا، مثل حرفٍ
من حروف الأبجدية، في اسمها
وكَبَوْتُ فى اسمى

RIEN QUE LA LUMIÈRE

Rien que la lumière.
Je n'ai arrêté mon cheval
que pour cueillir une rose rouge
dans le jardin d'une Cananéenne
qui a séduit mon cheval
et s'est retranchée dans la lumière :
"N'entre pas, ne sors pas…"
Je ne suis pas entré et je ne suis pas sorti.
Elle a dit : Me vois-tu ?
J'ai murmuré : Il me manque, pour le savoir,
l'écart entre le voyageur et le chemin,
le chanteur et les chants…
Telle une lettre de l'alphabet,
Jéricho s'est assise dans son nom
et j'ai trébuché dans le mien
à la croisée des sens…

عند مُفْتَرَقِ المعاني...
أنا ما أكونُ غداً
ولم أُوقفْ حصاني
إلّا لأقطفَ وردةً حمراءَ من
بستان كَنْعَانيّةٍ أغْوَتْ حصاني
ومضيتُ أبحث عن مكاني
أعلى وأبْعَدَ،
ثمَّ أعلى ثمَّ أبعدَ
من زماني...

Je suis ce que je serai demain.
Je n'ai arrêté mon cheval
que pour cueillir une rose rouge
dans le jardin d'une Cananéenne
qui a séduit mon cheval
et je suis reparti en quête de mon lieu,
plus haut et plus loin,
encore plus haut, encore plus loin
que mon temps…

في القدس

في القدسِ، أعني داخلَ السُّور القديمِ،
أسيرُ من زَمَنٍ إلى زَمَنٍ بلا ذكرى
تُصوِّبُني. فإنّ الأنبياءَ هناك يقتسمون
تاريخَ المقدَّسِ... يصعَدون إلى السماء
ويرجعون أقلَّ إحباطاً وحزناً، فالمحبَّةُ
والسلامُ مُقَدَّسَان وقادمان إلى المدينة.
كنتُ أمشي فوق مُنْحَدَرٍ وأهْجِسُ : كيف
يختلف الرُّواةُ على كلام الضوء في حَجَرٍ ؟
أمِنْ حَجَرٍ شحيح الضوء تندلعُ الحروبُ ؟
أسير في نومي. أحملق في منامي. لا
أرى أحداً ورائي. لا أرى أحداً أمامي.

A JÉRUSALEM

A Jérusalem, je veux dire à l'intérieur
des vieux remparts,
je marche d'un temps vers un autre
sans un souvenir
qui m'oriente. Les prophètes là-bas se partagent
l'histoire du sacré… Ils montent aux cieux
et reviennent moins abattus et moins tristes,
car l'amour
et la paix sont saints et ils viendront à la ville.
Je descends une pente, marmonnant :
Comment les conteurs ne s'accordent-ils pas
sur les paroles de la lumière dans une pierre ?
Les guerres partent-elles d'une pierre enfouie ?
Je marche dans mon sommeil.
Yeux grands ouverts dans mon songe,
je ne vois personne derrière moi. Personne devant.

كُلُّ هذا الضوءِ لي. أمشي. أخفُّ. أطيرُ
ثم أصيرُ غيري في التَّجلِّي. تَنْبُتُ
الكلماتُ كالأعشاب من فم أشعيا
النَّبَويِّ : " إنْ لم تُؤْمنوا لن تَأمَنُوا ".
أمشي كأنِّي واحدٌ غيري. وجُرْحي وَرْدَةٌ
بيضاءُ إنجيليَّةٌ. ويدايَ مثلَ حمامتَيْن
على الصليبِ تُحلِّقان وتحملان الأرضَ.
لا أَمْشي، أطيرُ، أصيرُ غَيْري في
التجلِّي. لا مكانَ ولا زمانَ. فمن أنا ؟
أنا لا أنا في حضرة المعراج. لكنِّي
أفكِّرُ : وَحْدَهُ، كان النبيّ محمَّدٌ
يتكلَّمُ العربيَّةَ الفُصحَى. " وماذا بعد ؟ "
ماذا بعد ؟ صاحت فجأةً جنديَّةٌ :
هُوَ أنتَ ثانيةً ؟ ألَمْ أقتُلْكَ ؟
قلتُ : قَتَلْتِني... ونسيتُ، مثلكِ، أن أموت

Toute cette lumière m'appartient. Je marche.
Je m'allège, vole
et me transfigure.
Les mots poussent comme l'herbe
dans la bouche prophétique
d'Isaïe : "Croyez pour être sauvés."
Je marche comme si j'étais un autre que moi. Ma
plaie est une rose
blanche, évangélique. Mes mains
sont pareilles à deux colombes
sur la croix qui tournoient dans le ciel
et portent la terre.
Je ne marche pas. Je vole et me transfigure.
Pas de lieu, pas de temps. Qui suis-je donc ?
Je ne suis pas moi en ce lieu de l'Ascension.
Mais je me dis :
Seul le prophète Muhammad
parlait l'arabe littéraire. "Et après ?"
Après ? Une soldate me crie soudain :
Encore toi ? Ne t'ai-je pas tué ?
Je dis : Tu m'as tué… mais, comme toi,
j'ai oublié de mourir.

لا ينظرون وراءهم

لا ينظُرونَ وراءَهمْ ليودِّعوا منفى،
فإنّ أمامهم منفى، لقد ألِفوا الطريقَ
الدائريَّ فلا أمامَ ولا وراء، ولا
شمالَ ولا جنوبَ. "يهاجرون " من
السياج إلى الحديقة. يتركُون وصيَّةً
في كلّ مترٍ من فناء البيت :
" لا تتذكَّروا من بعدنا
إلاّ الحياة "...
" يسافرون " من الصباح السُنْدُسيِّ إلى
غبارٍ في الظهيرة، حاملينَ نُعُوشَهُمْ ملأى
بأشياء الغياب : بطاقةٍ شخصيةٍ، ورسالةٍ
لحبيبةٍ مَجْهُولَةِ العُنْوانِ :
" لا تتذكَّري من بعدنا

ILS NE SE RETOURNENT PAS

Ils ne se retournent pas pour dire adieu à l'exil,
un autre les attend. Ils se sont habitués
à tourner en rond,
sans devant, sans arrière,
sans nord ou sud. "Ils migrent"
de la clôture vers le jardin et laissent un testament
dans chaque mètre du patio de la maison :
"Après nous, ne vous souvenez
que de la vie…"
"Ils voyagent" du matin verdoyant
à la poussière du midi,
portant leurs cercueils emplis
des objets de l'absence :
une carte d'identité et une lettre d'amour
pour une femme à l'adresse inconnue :
"Après nous, ne te souviens

إلاّ الحياة "

و" يرحلَون " من البيوت إلى الشوارع،

راسمينَ إشارةَ النصر الجريحةَ، قائلين

لمن يراهُمْ :

" لم نَزَلْ نحيا، فلا تتذكَّرُونا " !

يخرُجون من الحكاية للتنفُّس والتشمُّسِ.

يحلُمُون بفكرة الطَّيَرَان أعلى... ثم أعلى.

يصعَدون ويهبِطون. ويذهبون ويرجعون.

ويقفزون من السيراميك القديم إلى النجوم.

ويرجعون إلى الحكاية... لا نهايةَ للبدايةِ.

يهرُبون من النُّعَاس إلى مَلاك النوم،

أبيضَ، أحْمَرَ العينين من أثَرِ التأمُّل

في الدم المسفوك :

" لا تتذكروا من بعدنا

إلاّ الحياة "...

que de la vie…"
"Ils migrent" des maisons vers les rues,
faisant le V blessé de la victoire et disant
à quiconque les voit :
"Nous vivons encore,
ne vous souvenez pas de nous !"
Ils sortent du récit pour respirer et s'ensoleiller.
Ils rêvent de voler plus haut…
et encore plus haut.
Ils s'élèvent et se posent, partent et reviennent,
sautent des céramiques anciennes
vers les étoiles
et reviennent dans le récit…
Pas de fin au commencement.
Ils fuient la somnolence
vers l'ange du sommeil,
blanc. Leurs yeux ont rougi
d'avoir tant contemplé
le sang répandu :
"Après nous,
ne vous souvenez
que de la vie…"

السروة انكسرت

السروةُ انكَسَرَتْ كمئذنة، ونامت في
الطريق على تَقَشُّف ظلِّها، خضراءَ، داكنةً،
كما هِيَ. لم يُصَبْ أحدٌ بسوء. مَرَّتِ
العَرَباتُ مُسرِعةً على أغصانها. هَبَّ الغبارُ
على الزجاج.../ السروةُ انكسرت، ولكنَّ
الحمامةَ لم تغيِّرْ عُشَّها العَلَنيَّ في دارٍ
مُجاورةٍ. وحلّق طائران مهاجران على

LE CYPRÈS S'EST BRISÉ

*Le cyprès n'est pas l'arbre mais le cha-
grin de l'arbre ; il n'a pas d'ombre car
il n'est que l'ombre de l'arbre.*

BASSÂM HAJJÂR

Le cyprès s'est brisé comme un minaret
et il s'est endormi
en chemin sur l'ascèse de son ombre,
vert, sombre,
pareil à lui-même. Tout le monde est sauf.
Les voitures
sont passées, rapides, sur ses branches.
La poussière a recouvert
les vitres… Le cyprès s'est brisé mais
la colombe n'a pas quitté son nid déclaré
dans la maison voisine.
Deux oiseaux migrateurs ont survolé

كَفَّ عن مكانها، وتبادلا بعضَ الرموز .

وقالت امرأةٌ لجارتها : تُرَى، شاهَدْتِ عاصفةً ؟

فقالت : لا، ولا جرّافةً...،/ والسروةُ

انكسرتْ. وقال العابرون على الحُطام :

لعلّها سَئِمَتْ من الإهمال، أو هَرِمَتْ

من الأيّام، فَهيَ طويلةٌ كزرافة، وقليلةُ

المعنى كمكنسة الغبار، ولا تُظلِّلُ عاشقَيْن.

وقال طفلٌ : كنتُ أرسمها بلا خطأ،

فإنّ قوامَها سَهْلٌ. وقالت طفلةٌ : إنَّ

السماءَ اليوم ناقصةٌ لأنَّ السروة انكسرت.

وقال فتىً : ولكنَّ السماءَ اليوم كاملةٌ

لأنَّ السروةَ انكسرتْ. وقُلْتُ أنا

لنفسي : لا غُموضَ ولا وُضُوحَ،

السروةُ انكسرتْ، وهذا كُلُّ ما في

الأمرِ : إنَّ السروةَ انكسرتْ !

ses environs et échangé quelques symboles.
Une femme a dit à sa voisine :
Dis, as-tu vu passer une tempête ?
Elle répondit : Non, ni un bulldozer…
Le cyprès
s'est brisé. Les passants sur ses débris ont dit :
Il en a eu assez d'être négligé,
il a sans doute vieilli
car il est grand
comme une girafe,
aussi vide de sens qu'un balai
et il n'ombrage pas les amoureux.
Un enfant a dit : Je le dessinais parfaitement,
sa silhouette est facile. Une fillette a dit :
Le ciel est incomplet
aujourd'hui que le cyprès s'est brisé.
Un jeune homme a dit :
Le ciel est complet
aujourd'hui que le cyprès s'est brisé.
Et moi, je me suis dit :
Nul mystère,
le cyprès s'est brisé, un point c'est tout.
Le cyprès s'est brisé !

تُنْسى، كأنّك لم تكنْ

تُنْسى، كأنَّكَ لم تَكُنْ
تُنْسَى كمصرع طائرٍ
ككنيسةٍ مهجورةٍ تُنْسَى،
كحبّ عابرٍ
وكوردةٍ في الليل... تُنْسَى

أنَا للطريق... هناك من سَبَقَتْ خُطاهُ خُطايَ
مَنْ أَمْلَى رُؤاهُ على رُؤَايَ. هُنَاكَ مَنْ
نَثَرَ الكلام على سجيّتِهِ ليدخُل في الحكايةِ
أو يضيءَ لمن سيأتي بعدَهُ
أثَراً غنائياً... وحدسا

ON T'OUBLIERA,
COMME SI TU N'AVAIS JAMAIS ÉTÉ

On t'oubliera, comme si tu n'avais jamais été.
On t'oubliera comme la mort d'un oiseau,
comme une église abandonnée,
comme un amour passager
et comme une rose dans la nuit… on t'oubliera

J'appartiens à la route… D'autres pas
ont précédé mes pas.
D'autres que moi ont dicté leurs visions
à mes visions,
d'autres ont répandu le verbe
afin qu'il intègre le récit
ou éclaire pour celui qui suivra,
trace lyrique… et intuition

تُنْسى، كأنَّك لم تكن
شخصاً، ولا نصّاً... وتُنْسَى

أمشي على هَدْي البصيرة، رُبَّما
أُعطي الحكايةَ سيرةً شخصيَّةً. فالمفرداتُ
تَسُوسُني وأسُوسُها. أنا شكلها
وهي التجلِّي الحُرُّ. لكنْ قيل ما سأقول.
يسبقني غدّ ماضٍ. أنَا مَلَكُ الصدى.
لا عَرْشَ لي إلاّ الهوامش. والطريقُ
هو الطريقةُ. رُبَّما نَسِيَ الأوائلُ وَصْفَ
شيءٍ ما، أُحرِّكُ فيه ذاكرةً وحسّا

تُنْسَى، كأنَّكَ لم تكن
خبراً، ولا أثراً... وتُنْسى

أنا للطريق... هناك مَنْ تمشي خُطاهُ
على خُطَايَ، وَمَنْ سيتبعني إلى رؤيايَ.

244

On t'oubliera… comme si tu n'avais jamais été
homme ou œuvre… on t'oubliera

J'avance guidé par la vision. Le récit sera peut-être
plus personnel. Car les mots
me gouvernent et je les gouverne.
Je suis leur forme
et ils sont la libre transfiguration.
Mais ce que je dirai a été dit.
Un futur antérieur me précède.
Je suis le roi de l'écho.
Je n'ai de trône que les marges. Et le chemin
est la méthode. Les Anciens ont peut-être
oublié de décrire
quelque chose pour que j'y réveille
mémoire et sensations.

On t'oubliera comme si tu n'avais jamais été
acte ou trace… on t'oubliera

J'appartiens à la route…
Quelqu'un pose ses pas
dans mes pas, qui me suivra jusqu'à ma vision,

مَنْ سيقول شعراً في مديح حدائقِ المنفى،
أمامَ البيت، حُرّاً من عبادَةِ أمسٍ،
حُرّاً من كناياتي ومن لغتي، فأشهد
أنَّني حيٌّ
وحُرٌّ
حينَ أُنْسَى !

quelqu'un qui déclamera des vers de louanges

aux jardins de l'exil, devant la maison,

des vers délivrés de l'adoration du passé,

délivrés de ma métonymie et de ma langue,

et je témoignerai

que je suis vivant

et libre

quand on m'oubliera !

هو هاديء، وأنا كذلك

هُوَ هاديءٌ، وأنا كذلكَ
يَحْتَسِي شاياً بليمونٍ،
وأُشربُ قهوةَ،
هذا هُوَ الشيءُ المغايرُ بَيْنَنَا.
هُوَ يرتدي، مثلي، قميصاً واسعاً ومُخَطَّطاً
وأنا أطالعُ، مثلَهُ، صُحُفَ المساءْ.
هُوَ لا يراني حين أنظرُ خِلْسةً،
أنا لا أراه حين ينظرُ خلسةً،
هو هاديءٌ، وأنا كذلكَ.
يسألُ الجرسونَ شيئاً،
أسألُ الجرسونَ شيئاً...
قطّةٌ سوداءُ تعبرُ بَيْنَنَا،
فأجسُّ فروة ليلها
ويجُسُّ فَرْوةَ ليلها...

IL EST PAISIBLE,
MOI AUSSI

Il est paisible, moi aussi.

Il sirote un thé citron

je bois un café,

c'est ce qui nous distingue.

Comme moi, il est vêtu d'une chemise rayée

trop grande.

Comme lui, je parcours les journaux du soir.

Il ne me surprend pas quand je l'observe de biais.

Je ne le surprends pas quand il m'observe de biais.

Il est paisible, moi aussi.

Il parle au serveur.

Je parle au serveur…

Un chat noir passe entre nous.

Je caresse la fourrure de sa nuit,

il caresse la fourrure de sa nuit…

أنا لا أقولُ لَهُ : السماءُ اليومَ صافيةٌ
وأكثرُ زرقةً.
هو لا يقولُ ليَ : السماءُ اليومَ صافيةٌ.
هو المرئيُّ والرائي.
أنا المرئيُّ والرائي
أحرّكُ رِجْليَ اليُسرى
يحرك رجلَهُ اليُمنَى.
أُدندنُ لَحْنَ أُغنيةٍ،
يدندن لحنَ أُغنيةٍ مُشَابهةٍ.
أُفكّرُ : هلْ هو المرآةُ أُبصرُ فيه نفسى ؟
ثم أنظر نحو عينيهِ،
ولكنْ لا أراهُ...
فأترُكُ المقهى على عَجَلٍ.
أُفكّر : رُبّما هو قاتلٌ، أو رُبّما
هو عابرٌ قد ظَنَّ أنّي قاتلٌ

هو خائفٌ، وأنا كذلكْ !

Je ne lui dis pas : Le ciel est limpide aujourd'hui,
plus bleu.
Il ne me dit pas : Le ciel est limpide aujourd'hui.
Il est vu et il voit.
Je suis vu et je vois.
Je déplace la jambe gauche,
il déplace la droite.
Je fredonne une chanson,
il fredonne un air proche.
Je me dis :
Est-il le miroir dans lequel je me vois ?

Puis je cherche son regard,
mais il n'est plus là…
Je quitte précipitamment le café,
et je me dis : C'est peut-être un assassin
ou peut-être un passant qui m'a pris
pour un assassin.

Il a peur, moi aussi.

في الانتظار

في الانتظار، يُصيبُني هَوَسٌ برصد
الاحتمالات الكثيرة: ربّما نَسِيَتْ حقيبتها
الصغيرة في القطار، فضاع عنواني
وضاع الهاتفُ المحمولُ، فانقطعت شهيّتها
وقالت : لا نصيبَ له من المطر الخفيف
وربّما انْشَغَلَتْ بأمرٍ طاريءٍ أو رحلة
نحو الجنوب لكي تزور الشمسَ، واتَّصلَتْ
ولكنْ لم تَجِدْني في الصباح، فقد
خَرَجْتُ لأشتري غاردينيا لمسائنا وزجاجتينِ
من النبيذ/
وربما اختَلَفَتْ مع الزَّوْجِ القديم على
شُؤون الذكريات، فأَقْسَمَتْ ألاّ ترى

252

DANS L'ATTENTE

Dans l'attente, je ressasse
les nombreuses hypothèses :
Elle a peut-être oublié
son sac à main dans le train, perdu mon adresse
et son téléphone portable. Son désir s'est tari
et elle s'est dit :
Il n'aura pas sa part de pluie fine.
Un événement imprévu l'a peut-être retenue.
Elle est peut-être partie
vers le sud, rendre visite au soleil,
elle m'a alors téléphoné et ne m'a pas trouvé.
J'étais sorti acheter un gardénia pour notre soir
et deux bouteilles de vin.
Elle s'est peut-être disputée avec son ancien mari
au sujet des souvenirs et elle s'est juré
de ne pas voir

رجلاً يُهدّدُها بصنْع الذكرياتِ/
وربَّما اصطدَمَتْ بتاكسي في الطريقِ
إليَّ، فانطفأتْ كواكب في مَجَرّتها.
وما زالت تُعَالَجُ بالمهدّيءِ والنعاسِ/
وربما نظرَتْ إلى المرآةِ قبل خروجها
من نفسها، وتحسَّستْ أجّاصتَيْن كبيرتين
تُموِّجان حريرَها، فتتهَّدَتْ وتردَّدَتْ :
هل يستحقُّ أنوثتي أحدٌ سوايَ/
وربما عبَرَتْ، مُصَادَفَةً، بحُبٍّ
سابقٍ لم تَشْفَ منه، فرافقَتْهُ إلى
العشاءِ/
وربَّما ماتَتْ،
فإنَّ الموتَ يعشق فجأةً، مثلي،
وإنَّ الموتَ، مثلي، لا يُحبُّ الانتظار

un homme qui la menaçait
de faire naître des souvenirs.
Un taxi l'a peut-être heurtée en chemin,
des planètes se sont alors éteintes
dans sa voie lactée
et elle dort soignée aux calmants.
Elle a peut-être regardé son miroir
avant de sortir d'elle-même,
senti deux grosses poires
onduler sa soie, soupiré et hésité :
Quelqu'un d'autre que moi
mériterait-il ma féminité ?
Elle a peut-être croisé un ancien amour
encore souffrant
et l'a accompagné à dîner.
Elle est peut-être morte,
car la mort, comme moi,
a des coups de foudre,
car la mort, comme moi, n'aime pas attendre.

كزهر اللوز أو أبعد

Riad El-Rayyes Books Ltd., Beyrouth, 2005.
Actes Sud, 2007.

COMME DES FLEURS D'AMANDIER
OU PLUS LOIN

لوصف زهر اللوز

ولوصف زهر اللوز، لا موسوعةُ الأزهار
تُسعِفُني، ولا القاموسُ يُسعِفني...
سيخطِفُني الكلامُ إلى أحابيل البلاغةِ /
والبَلاغةُ تجرح المعنى وتمدح جُرْحَهُ،
كمذكَّرٍ يُمْلي على الأنثى مشاعرها /
فكيف يُشعُّ زهرُ اللوز في لغتي أنا
وأنا الصدى ؟
وَهُوَ الشفيفُ كضحكة مائيّة نبتتْ
على الأغصان من خفَرِ الندى...
وَهُوَ الخفيفُ كجملةٍ بيضاءَ موسيقيّةٍ...
وَهُوَ الضعيفُ كلمح خاطرةٍ

POUR DÉCRIRE
LES FLEURS D'AMANDIER

Pour décrire les fleurs d'amandier, l'encyclopédie
des fleurs et le dictionnaire
ne me sont d'aucune aide…
Les mots m'emporteront
vers les ficelles de la rhétorique
et la rhétorique blesse le sens
puis flatte sa blessure,
comme le mâle dictant à la femelle ses sentiments.
Comment les fleurs d'amandier
resplendiraient-elles
dans ma langue, moi l'écho ?
Transparentes comme un rire aquatique,
elles perlent de la pudeur de la rosée
sur les branches…
Légères, telle une phrase blanche mélodieuse…
Fragiles, telle une pensée fugace

تُطِلُّ على أصابعنا
ونكتبُها سُدَى...
وهو الكثيفُ كبيت شعرٍ لا يُدَوَّنُ
بالحروف /
لوصف زهر اللوز تَلْزمني زياراتٌ إلى
اللاوعي تُرْشِدُني إلى أسماءِ عاطفةٍ
مُعلَّقةٍ على الأشجار . ما اسمُهُ ؟
ما اسمُ هذا الشيء في شعريَّة اللاشيء ؟
يلزَمُني اختراقُ الجاذبيّة والكلام،
لكي أُحسَّ بخفّة الكلمات حين تصيرُ
طيفاً هامساً، فأكونُها وتكونُني
شفّافةً بيضاءَ /
لا وَطَنٌ ولا منفى هيَ الكلماتُ،
بل وَلَعُ البياض بوصف زهر اللوز /
لا ثَلْجٌ ولا قُطْنٌ / فما هُوَ في
تعاليه على الأشياء والأسماء
لو نجحَ المؤلِّفُ في كتابة مقطع

260

ouverte sur nos doigts

et que nous consignons pour rien…

Denses, tel un vers

que les lettres ne peuvent transcrire.

Pour décrire les fleurs d'amandier,

j'ai besoin de visites

à l'inconscient qui me guident aux noms

d'un sentiment suspendu aux arbres.

Comment s'appellent-elles ?

Quel est le nom de cette chose

dans la poétique du rien ?

Pour ressentir la légèreté des mots,

j'ai besoin de traverser la pesanteur et les mots

lorsqu'ils deviennent ombre murmurante,

que je deviens eux et que, transparents blancs,

ils deviennent moi.

Ni patrie ni exil que les mots,

mais passion du blanc

pour la description des fleurs d'amandier.

Ni neige ni coton. Qui sont-elles donc

dans leur dédain des choses et des noms ?

Si quelqu'un parvenait

à une brève description des fleurs d'amandier,

في وصفِ زهرِ اللوز، لانحَسَرَ الضبابُ

عن التلال، وقال شَعْبٌ كاملٌ :

هذا هُوَ /

هذا كلامُ نشيدِنا الوطنيّ !

la brume se rétracterait des collines
et un peuple dirait à l'unisson :
Les voici,
les paroles de notre hymne national !

في البيت أجلس

في البيت أجلسِ، لا حزيناً لا سعيداً
لا أنا، أوْ لا أَحَدْ

صُحُفٌ مُبَعثَرَةٌ. ووردُ المزهريَّةِ لا يُذكِّرُني
بمن قَطفَتْهُ لي. فاليومُ عُطلتُنا عن الذكرى،
وعُطلَةُ كُلِّ شيءٍ... إنّه يوم الأحدْ

يوم نرتِّبُ فيه مطبخنا وغرْفَةَ نومِنا،
كُلٌّ على حِدَةٍ. ونسمع نشرةَ الأخبار
هادئةً، فلا حَرْبٌ تُشَنُّ على بلَدْ

الامبراطورُ السعيدُ يُداعِبُ اليومَ الكلابَ،
ويشرب الشمبانيا في ملتقى نَهْدَيْنِ من
عاجٍ... ويَسْبَحُ في الزَّبَدْ

264

ASSIS CHEZ MOI

Assis chez moi, ni triste ni gai,
ni moi, ni personne.

Journaux éparpillés. Les roses du vase
ne me rappellent pas
celle qui me les a cueillies. Nous sommes en congé
du souvenir, en congé de tout… C'est dimanche.

Un jour où nous rangeons notre cuisine,
notre chambre à coucher,
chacun de son côté. Nous écoutons
le bulletin d'information,
paisible, pas de guerre contre un quelconque pays.

L'empereur heureux cajole aujourd'hui ses chiens,
sable le champagne au confluent de deux seins
d'ivoire… et nage dans l'écume.

الأمبراطور الوحيدُ اليوم في قيلولة،
مثلي ومثلك، لا يُفكِّرُ بالقيامة... فَهْيَ
مُلْك يَمينِهِ، هِيَ والحقيقةُ والأَبَدْ !

كَسلٌ خفيفُ الوزن يطهو قهوتي
والهالُ يصهَلُ في الهواء وفي الجَسَدْ

وكأنّني وحدي. أنا هو أو أنا الثاني
رآني واطمأنَّ على نهاري وابتعَدْ

يوم الأحد
هو أوّل الأيام في التوراة، لكنَّ
الزمان يغيِّرُ العاداتِ : إذ يرتاح
ربُّ الحرب في يوم الأحدْ

في البيت أجلس، لا سعيداً لا حزيناً
بينَ بين. ولا أُبالي إنْ علمت بأنّني
حقّاً أنا... أو لا أَحَدْ !

L'empereur solitaire fait aujourd'hui sa sieste,
et comme toi et moi, ne pense pas
à la résurrection…
Elle lui appartient, elle, la vérité et l'éternité !

Une paresse légère prépare mon café
et la cardamome hennit dans l'air et dans le corps.

Comme si j'étais seul. Je suis lui ou l'autre moi
qui m'a croisé, s'est enquis de ma journée et éloigné.

Dimanche
est le premier jour dans la Bible
mais le temps modifie les mœurs :
le dieu de la guerre se repose les dimanches.

Assis chez moi, ni heureux ni triste,
entre les deux, je me moque de savoir si je suis
vraiment moi… ou personne !

فرحاً بشيء ما

فَرِحاً بشيءٍ ما خفيٍّ، كُنْتُ أحتضن
الصباح بقوّة الإنشاد، أَمشي واثقاً
بخطايَ، أَمشي واثقاً برؤايَ. وَحْيٌ ما
يناديني : تعالَ ! كأنّه إيماءةٌ سحريّةٌ،
وكأنّه حُلْمٌ ترجّل كي يدرّبُني على أسراره،
فأكونُ سيِّدَ نجمتي في الليل... معتمداً
على لغتي. أنا حُلْمي أنا. أنا أُمُّ أُمّي
في الرؤى، وأبو أبي وابني أنا.

HEUREUX SANS SAVOIR POURQUOI

Heureux sans savoir pourquoi, j'étreignais
le matin avec la force de la déclamation,
je marchais, sûr
de mes pas, sûr de mes poumons. Une inspiration
m'appelait : Viens ! Clin d'œil magique,
rêve qui aurait mis pied à terre
pour m'initier à ses secrets
que je devienne le maître de mon étoile
dans la nuit… grâce
à ma langue. Je suis mon rêve, moi.
Je suis la mère de ma mère
dans les visions, le père de mon père
et mon propre fils, moi.

فرحاً بشيءٍ ما خَفيٍّ، كان يحملني
على آلاته الوتريّة الإنشادُ. يَصقُلُني
ويصقلني كماس أميرة شرقية :
ما لم يُغَنَّ الآن
في هذا الصباح
فلن يُغَنَّى

أعطِنا، يا حُبُّ، فَيْضَكَ كُلَّه لنخوض
حرب العاطفيّين الشريفةَ، فالمُناخُ ملائمٌ،
والشمسُ تشحذ في الصباح سلاحَنا،
يا حُبّ ! لا هدفٌ لنا إلاّ الهزيمةَ في
حروبك... فانتصرْ أنتَ انتصرْ، واسمعْ
مديحَكَ من ضحاياكَ : انتصرْ ! سَلِمَتْ
يداك ! وَعُدْ إلينا خاسرين... وسالماً !

270

Heureux sans savoir pourquoi.

Le chant me portait

sur ses instruments à cordes. Il me taillait

et taillait tel le diamant d'une princesse orientale.

Ce qui ne sera pas chanté ici,

en ce matin,

ne le sera jamais.

Donne-nous, Amour, toute ta crue,

que nous menions

la noble guerre des sentimentaux.

Le climat est propice

et le soleil aiguise nos armes, le matin.

Amour ! Nous n'avons d'autre but que la défaite

dans tes guerres… Sois vainqueur, toi, et entends

les louanges de tes victimes ! Sois vainqueur ! Que

tes mains

soient bénies ! Et reviens vers nous, vaincus…

et toi, sain et sauf !

فرحاً بشيءٍ ما خفيٍّ، كنتُ أَمشي

حالماً بقصيدة زرقاء من سطرين، من

سطرين... عن فرحٍ خفيفِ الوزن،

مرئيٌّ وسرّيٌّ معاً :

مَنْ لا يُحبُّ الآن،

في هذا الصباح،

فلن يُحبّ !

Heureux sans savoir pourquoi, je marchais
rêvant d'un poème bleu de deux vers,
deux vers… sur une joie légère
à la fois visible et secrète.
Celui qui n'aimera pas ici,
en ce matin,
jamais n'aimera !

لا أعرف الشخص الغريب

لا أعرفُ الشخصَ الغريبَ ولا مآثرَهُ...
رأيتُ جنازةً فمَشَيْتُ خلف النعش،
مثل الآخرين مطأطِئِء الرأس احتراماً. لم
أجدْ سبباً لأسأل : مَنْ هُو الشخصُ الغريبُ ؟
وأين عاشَ، وكيف ماتَ [فإنّ أسباب
الوفاة كثيرةٌ من بينها وجع الحياة].
سألتُ نفسي : هل يرانا أم يرى
عَدَماً ويأسَفُ للنهاية ؟ كنتُ أعلمُ أنَّه
لن يفتحَ النَّعشَ المُغَطَّى بالبنفسج كي

JE NE CONNAIS PAS CET INCONNU

Je ne connais pas cet inconnu
ni ses bonnes actions…
J'ai croisé un enterrement et j'ai marché
derrière le cercueil,
comme les autres, dodelinant de la tête
en signe de respect.
Je n'avais pas de raison de demander :
Qui est cet inconnu ?
Où a-t-il vécu, de quoi est-il mort ?
(Les causes des décès
sont multiples dont celle de la douleur de vivre.)
Je me suis demandé : Nous voit-il ? Voit-il plutôt
un néant et regrette-t-il l'épilogue ? Je savais
qu'il ne soulèverait pas le couvercle du cercueil
recouvert de lilas

يُودِّعَنا ويشكُرُنا ويهمُسَ بالحقيقة

[ما الحقيقةُ ؟]. رُبَّما هُوَ مثلنا في هذه
الساعات يطوي ظلَّهُ. لكنَّهُ هُوَ وحده
الشخصُ الذي لمْ يَبْكِ في هذا الصباح،
ولم يَرَ الموتَ المحلِّقَ فوقَنا كالصقر...
[فالأحياءُ هم أبناءُ عَمِّ الموت، والموتى
نيامٌ هادئون وهادئون وهادئون] ولم
أجدْ سبباً لأسأل : من هو الشخصُ
الغريب وما اسمُهُ ؟ [لا برقَ
يلمعُ في اسمه] والسائرون وراءَه
عشرون شخصاً ما عدايَ [أنا سوايَ]
وتُهْتُ في قلبي على باب الكنيسة :
ربّما هو كاتبٌ أو عاملٌ أو لاجىءٌ
أو سارقٌ، أو قاتلٌ... لا فرقَ،
فالموتى سواسيةٌ أمام الموت.. لا يتكلّمونَ
وربما لا يحلُمونَ...

pour faire ses adieux, nous remercier
et nous souffler la vérité.
(Qu'est la vérité ?) Peut-être replie-t-il son ombre,
comme nous en ce moment. Mais il est le seul
à ne pas avoir pleuré ce matin,
ni vu la mort tournoyant au-dessus de nous
tel le faucon…
(Les vivants sont cousins germains de la mort
et les morts,
dormants paisibles et paisibles et paisibles.)
Je n'avais pas
de raison de demander : Qui est l'inconnu ?
Quel est son nom ?
(Pas d'éclair luisant dans son nom.)
Vingt personnes marchent derrière lui,
sans compter moi (moi et mon autre).
A la porte de l'église, je me suis égaré
dans mon cœur :
C'était peut-être un écrivain, un ouvrier,
un réfugié,
un voleur, un assassin… Quelle différence ?
Les morts sont égaux devant la mort… Muets
et peut-être ne rêvent-ils pas…

وقد تكون جنازةُ الشخصِ الغريب جِنازتي

لكنَّ أمراً ما إلهياً يُؤَجّلُها

لأسبابٍ عديدةْ

من بينها : خطأٌ كبيرٌ في القصيدةْ !

Et ces funérailles de l'inconnu pourraient être
les miennes,
mais un quelconque décret divin les remet
à plus tard
pour de multiples raisons
dont : un grave défaut dans le poème !

لم تأتِ

لم تأتِ. قُلْتُ : ولنْ... إذاً
سأعيدُ ترتيبَ المساء بما يليقُ بخيبتي
وغيابها :
أطفأتُ نارَ شموعها،
أشعلتُ نور الكهرباء،
شربتُ كأس نبيذها وكسرتُهُ،
أبدلْتُ موسيقى الكمنجات السريعةِ
بالأغاني الفارسيّة.
قلتُ : لن تاتي. سأنضو رَبْطَةَ
العنق الأنيقة [هكذا أرتاح أكثر]
أرتدي بيجامة زرقاء. أمشي حافياً
لو شئتُ. أجلس بارتخاءِ القُرفُصاءِ
على أريكتها، فأنساها

ELLE N'EST PAS VENUE

Elle n'est pas venue, j'ai dit,
et elle ne viendra pas…
Je remettrai en ordre
la soirée comme il sied à ma déception
et à son absence :
j'ai éteint la flamme de ses bougies,
allumé les lampes,
bu son verre de vin et brisé sa coupe,
remplacé la musique des violons trépidants
par des chansons persanes.
J'ai dit : Elle ne viendra pas. Je vais dénouer
ma belle cravate (cela me reposera),
mettre un pyjama bleu, marcher pieds nus
si bon me semble. Je suis assis en tailleur,
détendu,
à sa place sur le canapé et je l'oublie

وأنسى كلَّ أشياء الغياب /
أعَدْتُ ما أعدَدْتُ من أدوات حفلتنا
إلى أدراجها. وفتحتُ كُلَّ نوافذي وستائري.
لا سرَّ في جسدي أمام الليل إلاّ
ما انتظرتُ وما خسرتُ...
سخِرْتُ من هَوَسي بتنظيف الهواء لأجلها
[عطّرته برذاذ ماء الورد والليمون]
لن تأتي... سأنقُلُ نَبْتَةَ الأُوركيد
من جهة اليمين إلى اليسار لكي أعاقبها
على نسيانها...
غَطّيتُ مرآةَ الجدار بمعطفٍ كي لا أرى
إشعاع صورتها... فأندم /
قلتُ : أنسى ما اقتَبَسْتُ لها
من الغزَل القديم، لأنّها لا تستحقُّ
قصيدةً حتى ولو مسروقةً...
ونسيتُها، وأكلتُ وجبَتَي السريعةَ واقفاً
وقرأتُ فصلاً من كتابٍ مدرسيّ
عن كواكبنا البعيدةْ
وكتبتُ، كي أنسى إساءتها، قصيدةْ
هذي القصيدةْ !

et oublie tout ce qui rappelle l'absence.

J'ai remis les objets apprêtés pour notre fête

dans leurs tiroirs et j'ai ouvert

tous mes rideaux et toutes mes fenêtres.

Pas de secret dans mon corps face à la nuit

si ce n'est ce que j'ai attendu et perdu…

Je me suis moqué de mon obsession

à purifier l'air pour elle.

(Je l'ai vaporisé d'eau de rose et de fleur d'oranger.)

Elle ne viendra pas… Je déplacerai l'orchidée

de la droite vers la gauche,

pour la punir de son oubli…

J'ai recouvert d'un manteau le miroir au mur

pour ne pas voir les reflets de son image…

et je m'en suis repenti.

J'ai dit : Je vais oublier les emprunts

aux poèmes d'amour anciens, elle ne mérite pas

un seul poème, même plagié…

Je l'ai oubliée. J'ai pris une rapide collation, debout,

lu le chapitre d'un manuel scolaire

sur nos planètes lointaines

et, pour oublier ses torts, j'ai écrit un poème,

ce poème !

نهار الثلاثاء والجوُّ صافٍ

نهارَ الثُّلاثاء، والجوُّ صافٍ، أسيرُ
على شارع جانبيّ مُغطّى بسقفٍ من
الكستناء... أسيرُ خفيفاً خفيفاً كأني
تبخَّرْتُ من جسدي، وكأني على موعد
مع إحدى القصائد. أنظرُ في ساعتي
شارداً. أتصفَّحُ أوراق غيمٍ بعيدٍ
تدوِّنُ فيه السماءُ خواطرَ عليا، أُقلِّبُ
أحوال قلبي على شجر الجوز : خالٍ
من الكهرباء ككوخ صغيرٍ على شاطىء
البحر. أسْرَعَ، أبطأ، أسرعَ أمشي.
أحدِّقُ في اللافتات على الجانبين...
ولا أحفظ الكلمات. أدندن لحناً
بطيئاً كما يفعلُ العاطلون عن العمل :

C'EST MARDI
ET LE TEMPS EST CLAIR

C'est mardi et le temps est clair, je marche
dans une rue latérale, sous un toit
de châtaigniers… Je marche léger léger
comme évaporé
de mon corps, comme si j'avais rendez-vous
avec un poème. Je regarde ma montre,
l'esprit ailleurs. Je parcours les pages
de nuées lointaines
sur lesquelles le ciel consigne
des pensées élevées. Je feuillette
les états de mon cœur sur les noyers : il est
sans électricité tel un cabanon au bord de la mer.
Je presse le pas, je ralentis, je presse le pas.
Je regarde les panneaux sur les deux côtés…
mais je n'en retiens pas les messages. Je fredonne
un air lent à la manière des chômeurs :

" النهرُ كالمهر يجري إلى حتفه/ البحر
والطيرُ تختطف الحَبَّ من كتف النهر " .
أهجس، أهمس في السرّ : عِشْ
غدك الآن ! مهما حَييتَ فلن تبلغ
الغَدَ... لا أرضَ للغد، واحلُمْ
ببطءٍ، فمهما حلمتَ ستدرك أنَّ
الفراشةَ لم تحترقْ لتُضيئَكَ /

أمشي خفيفاً خفيفاً. وأنظرُ حولي
لعلّي أرى شَبَهاً بين أوصاف نفسي
وصفصاف هذا الفضاء فلا أتبيَّن
شيئاً يشيرُ إليَّ

[إذا لم يُغَنِّ الكناريُّ
يا صاحبي لَكَ... فاعلمْ
بأنّكَ سجّان نفسك، إنْ
لَم يُغَنِّ الكناريُّ]

"Le fleuve comme le poulain va à son trépas.
La mer et l'oiseau subtilisent les grains
de l'épaule du fleuve."
Je délire, je chuchote en secret :
Vis maintenant ton lendemain !
Vis autant que voudras,
tu n'atteindras pas le lendemain…
Pas de terre pour le lendemain.
Rêve lentement, rêve autant que voudras,
tu réaliseras que le papillon ne s'est pas
consumé pour t'éclairer.

Je marche léger léger. Je regarde alentour
dans l'espoir
de voir une ressemblance entre les attributs
de mon âme
et le saule pleureur de cet endroit,
mais je ne trouve rien
qui me désigne.

Ami, si le canari ne chante pas
pour toi… Sache que tu es ton propre geôlier, si
le canari ne chante pas.

لا أرضَ ضيّقةً كأصيص الورود
كأرضك أنتَ... ولا أرضَ واسعةً
كالكتاب كأرضك أنتَ... ورؤياك
منفاك في عالمٍ لا هُويّة للظلّ
فيه، ولا جاذبيّة /

تمشي كأنّك غيرك /

لو أستطيعُ الحديث إلى أحدٍ في
الطريق لقلْتُ : خُصُوصيّتي هي ما
لا يدلُّ عليَّ، وما لا يُسَمَّى
من الموت حلماً، ولا شيء أكثر /
لو أستطيع الحديث إلى امرأةٍ
في الطريق لقلتُ : خصوصيّتي لا
تثيرُ انتباهاً : تكلُّسُ بعضِ الشرايين
في القدمين، ولا شيء أكثر، فامشي
الهوينى معي مثل مشي السحابة
" لا هي رَيْثٌ... ولا عجل "...
ولو أستطيع الحديث إلى شبح الموت
خلف سياج الأضاليا لقلتُ : وُلدنا
معاً توأمين : أخي أنتَ يا قاتلي،

Aucune terre aussi petite qu'un pot de fleurs,
comme ta terre… Aucune terre aussi spacieuse
que le livre, comme ta terre… Et ta vision
est ton exil dans un monde sans identité
pour l'ombre, ni pesanteur.

Tu marches comme si tu étais un autre que toi.

Si je pouvais parler à quelqu'un
en chemin, je dirais : Ma spécificité est
ce qui ne me signale pas, ce qui ne se nomme pas
rêve dans la mort, rien de plus.
Si je pouvais parler à une femme
en chemin, je dirais : Ma spécificité
n'attire pas l'attention.
L'atrophie de quelques vaisseaux
dans les pieds, rien de plus. Marche un peu
avec moi ainsi que les nuées.
"Elles ne sont ni lenteur… ni précipitation…"

Si je pouvais parler au spectre de la mort
derrière la haie des dahlias, je dirais :
Nous sommes nés

يا مهندس دربي على هذه الأرض...
أمي وأمَّكَ، فارمِ سلاحكَ /

لو أستطيع الحديث إلى الحُبِّ، بعد
الغداء، لقلتُ له : حين كنا
فَتِيَّيْن كنّا لُهَاثَ يدين على زَغَب
المفردات، وإغماءةَ المفردات على
ركبتين. وكُنْتَ قليل الصفات، كثيرَ
الحراك، وأوضحَ : فالوجهُ وجْهُ
ملاك يجيء من النوم، والجسمُ
كَبْشٌ بقوَّة حُمَّى. وكنت تُسمَّى
كما أنتَ " حباً " فيُغْمى علينا
ويُغمى على الليل /

أمشي خفيفاً، فأكبرُ عَشْرَ دقائقَ
عشرين، ستِّين... أمشي وتنقص
فيَّ الحياةُ على مهلها كسُعالٍ خفيف.
أفكِّر : ماذا لو أنّي تباطأتُ، ماذا
لو أنّي توقَّفتُ ؟ هل أوقفُ الوقتَ ؟
هل أُربكُ الموتَ ؟ أسخرُ من فكرتي،

jumeaux, tu es mon frère, toi mon assassin,
ô architecte de mon parcours sur cette terre…
notre mère, à toi, à moi, lâche tes armes.

Si je pouvais parler à l'amour après déjeuner,
je lui dirais : Jeunes, nous étions l'essouflement
de deux mains sur l'écume des mots,
l'évanouissement des mots
sur deux genoux. Tu avais peu de traits, tu étais
agité, plus clair. Ton visage, celui d'un ange
émergeant du sommeil et ton corps,
un bélier à la force fiévreuse. On te désignait
tel que tu étais, Amour,
nous perdions connaissance
et la nuit perdait connaissance.

Je marche léger et je vieillis de dix minutes,
vingt, soixante… Je marche et la vie en moi
s'amenuise lentement, telle une toux légère.
Je me demande : Et si je ralentissais le pas,
si je m'arrêtais ? Arrêterais-je le temps ?
La mort en sera-t-elle décontenancée ? Je me ris
de mon idée puis j'interroge mon âme : Où vas-tu,

ثم أسألُ نفسي : إلى أين تمشين
أيّتها المطمئنّة مثل النعامة ؟ أمشي
كأنّ الحياة تعدِّل نقصانها بعد حين.
ولا أتلفَّت خلفي، فلن أستطيع
الرجوع إلى أيّ شيءٍ، ولا أستطيع
التماهي

ولو أستطيع الحديث إلى الربِّ قلتُ :
إلهي إلهي ! لماذا تخلَّيْتَ عنّي ؟
ولستُ سوى ظلِّ ظلِّك في الأرض،
كيف تخلَّيْتَ عني، وأوقعْتني في
فخاخ السؤال : لماذا خلقتَ البعوضَ
إلهي إلهي ؟

وأمشي بلا موعد، خالياً من
وعود غدي. أتذكَّرُ أنّي نسيتُ،
وأَنسى كما أتذكَّرُ :

أنسى غراباً على غصن زيتونةٍ
أتذكَّرُ بُقْعَةَ زيتٍ على الثوبِ

rassurée telle l'autruche ? Je marche
comme si la vie allait sous peu
corriger ses manques.
Je ne me retourne pas, car je ne pourrais
revenir à quoi que ce soit et ne pourrais
m'anéantir.

Si je pouvais parler au Seigneur, je dirais :
Elohi Elohi ! Pourquoi m'as-tu abandonné ?
Je ne suis que l'ombre de ton ombre sur la terre,
comment m'as-tu abandonné, laissé prendre
dans les pièges de l'interrogation :
Pourquoi as-tu créé les moustiques,
Elohi Elohi ?

Et je marche sans rendez-vous, vide
des promesses de mon lendemain. Je me souviens
d'avoir oublié et j'oublie comme je me souviens :

J'oublie un corbeau sur une branche d'olivier.
Je me souviens d'une tache d'huile sur une robe.

أنسى نداء الغزال إلى زَوْجِهِ
أتذكَّرُ خَطَّ النمال على الرملِ

أنسى حنيني إلى نجمةٍ وقعتْ من يدي
أتذكَّرُ فَرْوَ الثعالبِ

أنسى الطريق القديم إلى بيتِنا
أتذكَّرُ عاطفةً تشبه المندرينةَ

أنسى الكلامَ الذي قُلْتُهُ
أتذكَّرُ ما لم أقلْ بعد

أنسى رواياتِ جدّي وسيفا على حائطٍ
أتذكَّرُ خوفي من النومِ

أنسى شفاهَ الفتاة التي امتلأت عنباً
أتذكَّرُ رائحةَ الخسِّ بين الأصابع

J'oublie l'appel de la gazelle à son époux.
Je me souviens de la ligne des fourmis sur le sable.

J'oublie ma nostalgie pour une étoile
tombée de ma main.
Je me souviens de la fourrure des renards.

J'oublie le vieux chemin de notre maison.
Je me souviens d'un sentiment ressemblant
à une mandarine.

J'oublie les mots que j'ai dits.
Je me souviens de ce que je n'ai pas encore dit.

J'oublie les histoires de mon grand-père
et une épée suspendue à un mur.
Je me souviens de ma peur du sommeil.

J'oublie les lèvres pleines de raisins
de la jeune fille.
Je me souviens du parfum des laitues sur les doigts.

أنسى البيوت التي دوَّنتْ سيرتي
أتذكر رقْمَ الهُويَّة

أنسى حوادث كبرى وهزَّةَ أرضٍ مُدمِّرةً
أتذكَّرُ تبغَ أبي في الخزانة

أنسى دروب الرحيل إلى عَدَمٍ ناقصٍ
أتذكَّرُ ضوء الكواكب في أطلس البدو

أنسى أزيز الرصاص على قرية أقْفَرَتْ
أتذكر صوتَ الجداجد في الحرش

أنسى كما أتذكَّر، أو أتذكَّر أنِّي نسيت

[ولكنَّني
أتذكَّر
هذا النهار،

J'oublie les maisons qui ont consigné
ma biographie.
Je me souviens de mon numéro d'identité.

J'oublie de grands événements
et un tremblement de terre.
Je me souviens du tabac de mon père
dans l'armoire.

J'oublie les chemins de la migration
vers un néant incomplet.
Je me souviens de la clarté des planètes
dans l'atlas des Bédouins.

J'oublie le sifflement des balles sur un village déserté.
Je me souviens du chant des grillons dans le bois.

J'oublie comme je me souviens ou je me souviens
que j'ai oublié.

Mais
je me souviens
de ce jour,

نهار الثلاثاء

والجوُ صافٍ]

وأمشي على شارعٍ لا يؤدّي إلى

هدفٍ. رُبَّما أرشدتني خُطَايَ إلى

مقعدٍ شاغرٍ في الحديقة، أو

أرشدتني إلى فكرةٍ عن ضياع الحقيقة

بين الجماليِّ والواقعيِّ. سأجلس وحدي

كأنّي على موعد مع إحدى نساء

الخيال. تخيّلتُ أنّي انتظرتُ طويلاً،

وأنّي ضجرتُ من الانتظار، وأنّي انفجرتُ :

لماذا تأخّرت ؟ تكذبُ : كان الزحامُ

شديداً على الجسر. فاهدأُ. سأهدأُ

حين تداعب شعري. سأشعرُ أنَّ

الحديقةَ غرفتنا والظلالَ ستائرُ

[إن لم يُغنِّ الكناريُّ

يا صاحبي لكَ... فاعلمْ

le mardi
et le temps est clair.

Je marche dans une rue qui ne mène
à rien. Mes pas me guideront peut-être
à un siège libre dans le jardin,
à une idée sur l'égarement de la vérité
entre le beau et le réel. Je m'installerai seul
comme si j'avais rendez-vous
avec l'une de ces femmes
imaginaires. J'imaginerai avoir attendu
longtemps,
m'être lassé d'attendre, avoir explosé :
Pourquoi as-tu tardé ? Elle ment : Il y avait foule
sur le pont. Calme-toi. Je me calmerai
lorsqu'elle jouera avec mes cheveux.
J'aurai le sentiment
que le jardin est notre chambre
et les ombrages, ses rideaux.

Ami, si le canari ne chante pas
pour toi… Sache que

بأنّك أفرطتَ في النوم
إنْ لم يُغنِّ الكناريُّ]

وتسأل : ماذا تقول ؟
أقول لها : لم يغنِّ الكناريُّ لي
هل تذكَّرتني يا غريبةُ ؟ هل أُشبهُ
الشاعرَ الرعويَّ القديمَ الذي توَّجَتْهُ
النجومُ مليكاً على الليل، ثمّ تنازل
عن عرشه حين أرسلتْهُ راعياً
للغيوم ؟ تقول : وهل يشبه اليومُ أمسٍ،
كأنّك أنتَ...

[هناك، على المقعد الخشبيِّ المقابلِ
بنتٌ يُفتِّتُها الانتظار
وتبكي،
وتشربُ كأس عصير...
تُلَمِّع بلّور قلبي الصغير
وتحمل عنّي عواطف هذا النهار]

وأسألُها : كيفَ جئت ؟
تقول : أتيتُ مصادفةً. كنتُ أمشي

300

tu as dormi trop longtemps,
si le canari ne chante pas.

Elle interroge : Que dis-tu ?
Je réponds : Le canari n'a pas chanté pour moi.
Te souviens-tu de moi, ô étrangère ?
Est-ce que je ressemble
au poète pastoral ancien, couronné roi de la nuit
par les étoiles et qui abdiqua
lorsqu'elles le nommèrent
berger des nuages ? Elle dit :
Aujourd'hui ressemble-t-il à hier,
on dirait toi…

Là-bas sur la banquette de bois opposée,
une fille que l'attente émiette
pleure
et boit un jus…
Elle polit le verre de mon petit cœur
et porte à ma place les sentiments de ce jour.

Je lui demande : Comment es-tu venue ?
Elle dit : Par hasard, j'allais

على شارعٍ لا يؤدّي إلى هدفٍ.
قلتُ : أمشي كأنّي على موعد...
رُبَما أرشدتني خُطايَ إلى مقعدٍ شاغرٍ
في الحديقة، أو أرشدتني إلى فكرةٍ
عن ضياع الحقيقة بين الخياليّ والواقعيّ.
وهل أنتَ أيضاً تذكّرتَني يا غريبُ ؟
وهل أُشبهُ امرأةَ الأمس، تلك الصغيرةَ،
ذات الضفيرة، والأغنيات القصيرةِ
عن حبّنا بعد نومٍ طويلٍ
أقول : كأنّكِ أنتِ...

[هناك فتىً يدخل الآن
باب الحديقة،
يحمل خمساً وعشرين زنبقةً
للفتاة التي انتظرتْهُ
ويحمل عني فُتُوَّةَ هذا النهارِ]

صغيرٌ هو القلبُ... قلبي
كبيرٌ هو الحبّ... حُبِّي
يسافر في الريح، يهبطُ

dans une rue qui ne mène à rien.

Je dis : Je marche comme à un rendez-vous…

Mes pas me guideront peut-être

à un siège inoccupé

dans le jardin, à une idée

sur la perte de la vérité entre l'imaginaire et le réel.

Elle dit : T'es-tu aussi souvenu de moi, étranger ?

Est-ce que je ressemble à la femme d'avant,

cette petite

à la natte, aux chansons brèves

sur notre amour après un long sommeil ?

Je dis : Comme si c'était toi…

Un jeune homme franchit à l'instant
la porte du jardin,
il porte vingt-cinq tubéreuses
pour la jeune fille qui l'a attendu
et porte à ma place l'ardeur juvénile de ce jour.

Petit est le cœur… mon cœur.
Grand est l'amour… mon amour
voyage dans le vent, se pose,
égrène une grenade, se perd

برطُ رُمّانةً، ثم يسقطُ

ي تيه عينين لوزيتين

يصعد من فجر غمّازتين

ينسى طريق الرجوع إلى بيته واسمه

سغيرٌ هو القلبُ... قلبي

كبيرٌ هو الحبّ /..

هل كان ذاك الذي كُنْتُهُ ــ هُو ؟

أمْ كان ذاك الذي لم أكْنْهُ ــ أنا ؟

تقول : لماذا تحكُّ الغيومُ أعالي الشجرْ ؟

أقول : لتلتصقَ الساقُ بالساق

تحت رذاذ المطرْ

تقول : لماذا تحملق بي قطّةٌ خائفةْ ؟

أقولُ : لكي توقفي العاصفةْ

تقول : لماذا يحنُّ الغريبُ إلى أمْسِهِ

أقول : ليعتمدْ الشعرُ فيه على نفسهِ

dans deux yeux en amande,
monte de l'aube de deux fossettes
et oublie le chemin du retour à sa maison
et à son nom.
Petit est le cœur… mon cœur.
Grand est l'amour… mon amour.

Celui que j'étais était-ce lui ?
Celui que je n'étais pas était-ce moi ?

Elle dit : Pourquoi les nuages grattent-ils
le faîte des arbres ?
Je dis : Pour que la cuisse colle à la cuisse
sous la pluie fine.

Elle dit : Pourquoi cette chatte apeurée me fixe-t-elle ?
Je dis : Pour que tu arrêtes la tempête.

Elle dit : Pourquoi l'étranger est-il nostalgique
de son passé ?
Je dis : Pour que la poésie en lui compte
sur elle-même.

تقول : لماذا تصيرُ السماءُ رماديَّة اللون
عند العشيّةْ ؟
أقول : لأنَّكِ لم تسكبي الماء في المزهريّةْ

تقول : لماذا تبالغُ في السخريةْ ؟
أقول : لكي تأكلَ الأغنيةْ
قليلاً من الخبزِ ما بين حين وحين

تقول : لماذا نحبّ، فنمشي على طُرُقٍ خاليةْ ؟
أقول : لنقهر موتاً كثيراً بموتٍ أقلّ
وننجو من الهاويةْ

تقول : لماذا حلمتُ بأني رأيتُ سُنُونُوَةً في يدي ؟
أقول : لأنَّك في حاجةٍ لأحدْ

تقول : لماذا تذكَرني بغدٍ لا أراه
معك ؟
أقول : لأنَّكِ إحدى صفات الأبدْ

تقول : ستمضي إلى نَفَقِ الليل وحدك
بعدي

306

Elle dit : Pourquoi le ciel devient-il gris au soir ?
Je dis : Parce que tu n'as pas versé l'eau
dans le vase à fleurs.

Elle dit : Pourquoi cet excès d'ironie ?
Je dis : Pour que la chanson ait
de temps à autre un peu de pain.

Elle dit : Pourquoi aimons-nous
et allons-nous sur des routes désertes ?
Je dis : Pour vaincre l'excès de mort
par moins de mort et échapper au gouffre.

Elle dit : Pourquoi ai-je rêvé d'une hirondelle
dans ma main ?
Je dis : Parce que tu as besoin de quelqu'un.

Elle dit : Pourquoi me rappelles-tu un lendemain
que je ne vois pas avec toi ?
Je dis : Parce que tu es un attribut de l'éternité.

Elle dit : Après moi, tu iras seul
vers le tunnel de la nuit.

أقول : سأمضي إلى نفق الليل بعدك
وحدي
... وأمشي ثقيلاً ثقيلاً، كأنّي على موعدٍ
مع إحدى الخسارات. أمشي وبي شاعرٌ
يستعدّ لراحته الأبديّة في ليل لندن.
يا صاحبي في الطريق إلى الشام ! لم نبلغ
الشام بعد، تمهّل تمهّل، ولا تجعل
الياسمينة ثكلى، ولا تمتحنّي، بمرثيّة :
كيف أحملُ عبء القصيدة
عنك وعنّي ؟

قصيدةُ منْ لا يُحبُّونَ وَصْفَ الضباب
قصيدتُهُ
معطفُ الغيم فوق الكنيسةِ
معطفُهُ
سرّ قلبين يلتجئان إلى بَرَدى
سرّهُ

308

Je dis : Après toi, j'irai seul
vers le tunnel de la nuit.

… Et je marche lourd lourd,
comme à un rendez-vous
avec l'une des pertes. Je vais et un poète en moi
s'apprête pour le repos éternel
dans la nuit de Londres.
Compagnon sur le chemin de Damas !
Nous n'avons pas encore atteint Damas,
prends ton temps, prends ton temps,
ne prive pas
le jasmin de son enfant,
ne m'éprouve pas par une élégie :
comment porterais-je le fardeau du poème
à ta place et à la mienne ?

Poème de ceux qui n'aiment pas décrire
la brume,
son poème.
Manteau des nuages au-dessus de l'église,
son manteau.
Secret de deux cœurs réfugiés auprès du Barada,

نخلة السومريَّة، أمِّ الأناشيد،
نخلتُهُ
ومفاتيحُ قرطبةٍ في جنوب الضباب
مفاتيحُهُ
لا يُذَيِّلُ أشعاره باسمه
فالفتاة الصغيرة تعرفُهُ
إنْ أحسَّتْ بوخز الدبابيس
والملح في دمها.
هو، مثلي، يطاردُه قلبُهُ
وأنا، مثله، لا أُذَيِّلُ باسمي الوصيّة
فالريح تعرف عنوان أهلي الجديد
على سفح هاوية في جنوب البعيد
وداعاً صديقي، وداعاً وسلِّمْ على الشام /

لَستُ فتيّاً لأحمل نفسي
على الكلمات، ولستُ فتيّاً
لأكملَ هذي القصيدةَ /

أمشي مع الضاد في الليل ــ
تلك خصوصيّتي اللغويّةُ ــ أمشي
مع الليل في الضاد كهلاً يحثّ

310

son secret.
Palmier de la Sumérienne, mère des hymnes,
son palmier.
Clés de Cordoue au sud des brumes,
ses clés.
Il ne signe pas ses poèmes
car la jeune fille le reconnaît
quand elle sent le picotement des aiguilles
et le sel dans son sang.
Lui, comme moi, est pourchassé par son cœur
et moi, comme lui, je ne signe pas mon testament
car le vent connaît la nouvelle adresse
de mes parents
sur les flancs d'un précipice au sud du lointain.
Adieu l'ami, adieu et porte mon salut à Damas.

Je ne suis plus jeune pour me porter
sur les mots, je ne suis plus jeune
pour achever ce poème.

Je vais en compagnie du *Dâdd* dans la nuit
– telle est ma spécificité linguistique –,
je vais en compagnie de la nuit dans le *Dâdd*,

حصاناً عجوزاً على الطيران إلى برج
إيفل. يا لغتي ساعديني على الاقتباس
لأحتضن الكون. في داخلي شُرْقَةٌ لا
يَمُرُ بها أحَدٌ للتحيّة. في خارجي عالمٌ
لا يردُ التحيّة. يا لغتي ! هل أكون
أنا ما تكونين ؟ أم أنت ــ يا لغتي ــ
ما أكون ؟ ويا لغتي دَرِّبيني على
الاندماج الزفافيّ بين حروف الهجاء
وأعضاء جسمي ــ أكُنْ سيّداً لا صدى.
دَثِّريني بصوفك يا لغتي، ساعديني
على الاختلاف لكي أبلغ الائتلاف. لَديني
ألدْك. أنا أبنك حيناً، وحيناً أبوك
وأمُّك. إنْ كنت كنتَ، وإنْ كُنْتُ
كُنْت. وسَمِّ الزمان الجديد بأسمائه
الأجنبيّة يا لغتي، واستضيفي الغريب
البعيد ونَثْرَ الحياة البسيطَ لينضجَ
شعري. فَمَنْ ــ إنْ نطقتُ بما ليس
شعراً ــ سيفهمني ؟ مَنْ يُكلِّمُني

312

sexagénaire qui incite
un vieux cheval à s'envoler jusqu'à la
tour Eiffel. O ma langue, aide-moi à l'emprunt
que je prenne l'univers dans mon giron.
En moi, un balcon
par lequel personne ne passe me saluer.
En dehors de moi, un univers
qui ne rend pas le salut. O ma langue ! Serai-je
ce que tu seras ? A moins que toi,
ma langue, ne sois
ce que je serai ? O ma langue, initie-moi
à la fusion nuptiale entre les lettres de l'alphabet
et les membres de mon corps
– que je sois seigneur, non écho.
Couvre-moi de ta laine, ma langue, aide-moi
à la différence que j'atteigne la ressemblance.
Donne-moi naissance et tu naîtras de moi.
Je suis tantôt ton fils, tantôt ton père et ta mère.
Si tu es, je suis et si je suis, tu es.
Nomme le temps nouveau par ses noms
étrangers, ô ma langue, accueille l'étranger
lointain et la prose simple de la vie, que mûrisse
ma poésie. Qui, si je ne m'exprimais par la poésie,

عن حنينٍ خفيٍّ إلى زمنٍ ضائعٍ إنْ
نطقتُ بما ليس شعراً ؟ ومَنْ ـ إنْ
نطقت بما ليس شعراً ـ سيعرف
أرضَ الغريب ؟

سجا الليل، واكتمل الليل، فاستَيْقَظَتْ
زهرةٌ للتنفُّس عند سياج الحديقة.

قُلْتُ : سأشهد أنّيَ ما زلتُ حيّاً،
ولو من بعيد. وأنّي حلمْتُ بأنّ الذي
كان يحلم، مثلي، أنا لا سواي...
وكان نهاري، نهار الثلاثاء، رحباً طويلاً،
وليلي وجيزاً كفصلٍ قصيرٍ أُضيفَ
إلى المسرحيّة بعد نزول الستارة. لكنّني
لنْ أُسيءَ إلى أحد...
إنْ أضَفْتُ : وكان نهاراً جميلاً،
كقصةِ حُبٍّ حقيقيةٍ في قطارٍ سريع

me comprendra ? Qui, si je ne m'exprimais
par la poésie, me parlera d'une nostalgie cachée
pour un temps perdu ? Et qui,
si je ne m'exprimais
par la poésie, connaîtra la terre de l'étranger ?

La nuit s'est étendue, la nuit est accomplie.
Une fleur
se réveille pour respirer sur la haie du jardin.

J'ai dit : Je témoignerai que je suis toujours vivant,
même de loin, que j'ai rêvé que celui
qui rêvait comme moi était moi, nul autre…
que mon jour, le mardi, était long et accueillant,
que ma nuit était brève
telle une courte scène rajoutée
à la pièce après le tomber de rideau. Mais
je ne ferai de tort à personne…
si j'ajoutais : C'était une belle journée
pareille à une véritable histoire d'amour
dans un train rapide.

[إذا لم يُغنِّ الكناريّ

يا صاحبي،

لا تَلُمْ غير نفسك.

إنْ لم يُغَنِّ الكناريّ

يا صاحبي لَكَ

غَنِّ له أنتَ... غَنِّ له]

Ami, si le canari ne chante pas,
ne blâme nul autre que toi.
Ami, si le canari ne chante pas,
chante pour lui… Chante…

TABLE

Avant-propos 7

ONZE ASTRES 13
    Onze astres sur l'épilogue andalou 15
    Discours de l'homme rouge 65

POURQUOI AS-TU LAISSÉ LE CHEVAL A SA SOLI-
TUDE ? 93
    Villageois sans malice 95
    L'éternité du figuier de Barbarie 103
    Les leçons de Houriyya 111
    Une rime pour les Mu'allaqât 121
    Nuit qui déborde du corps 129
    Lorsqu'il s'éloigne 137

LE LIT DE L'ÉTRANGÈRE 147
    Sonnet [I] 149
    Ciel bas 153
    Qui suis-je sans exil ? 163
    L'art d'aimer 169

MURALE 175
    Comme le Christ… 177

ÉTAT DE SIÈGE.. 185

NE T'EXCUSE.PAS 217
    Un autre jour viendra 219
    En un jour à ce jour pareil 223
    Rien que la lumière 227
    A Jérusalem 231
    Ils ne se retournent pas.................................. 235
    Le cyprès s'est brisé...................................... 239
    On t'oubliera, comme si tu n'avais jamais été.... 243
    Il est paisible, moi aussi 249
    Dans l'attente 253

COMME DES FLEURS D'AMANDIER OU PLUS
LOIN 257
    Pour décrire les fleurs d'amandier................. 259
    Assis chez moi 265
    Heureux sans savoir pourquoi 269
    Je ne connais pas cet inconnu........................ 275
    Elle n'est pas venue 281
    C'est mardi et le temps est clair 285

COÉDITION ACTES SUD – LEMÉAC

Ouvrage réalisé par l'atelier graphique Actes Sud. Reproduit et achevé d'impri-
mer en avril 2009 par Normandie Roto Impression s.a.s., 61250 Lonrai sur papier fabri-
qué à partir de bois provenant de forêts gérées durablement (www.fsc.org)
pour le compte des éditions Actes Sud Le Méjan Place Nina-Berberova
13200 Arles.
Dépôt légal 1re édition : juin 2009.
N° impr. : 091677
(Imprimé en France)